José Henríquez
70 Tage unter der Erde

José Henríquez

70 Tage unter der Erde

*Ich habe nie aufgehört,
an ein Wunder Gottes zu glauben*

BRUNNEN
Verlag Giessen · Basel

Die amerikanische Originalausgabe erschien unter dem Titel
„Miracle in the Mine".
Copyright © 2011 by José Henríquez

Deutsch von Anja Findeisen-MacKenzie

Veröffentlicht mit Genehmigung von Zondervan,
Grand Rapids, Michigan/USA
www.zondervan.com

© der deutschen Ausgabe
Brunnen Verlag Gießen 2012
www.brunnen-verlag.de
Umschlagfotos: Jens Ulrich Koch/ddp, Gobierno De Chile, privat
Umschlaggestaltung: Ralf Simon
Satz: DTP Brunnen
Druck: CPI – Ebner & Spiegel, Ulm
ISBN 978-3-7655-1187-5

*Zum Ruhm und zur Ehre
unseres Herrn Jesus Christus*

Inhalt

KAPITEL I

Ein Wunder beginnt

Am 13. Oktober 2010, einem Mittwoch, begann um Mitternacht vor den Augen der ganzen Welt eine Rettungsaktion, wie man sie noch nie vorher gesehen hatte. Dieses spektakuläre Unternehmen zur Rettung von 33 Bergleuten, die fast 70 Tage lang in ihrer Mine eingeschlossen gewesen waren, sollte Schätzungen zufolge 48 Stunden dauern. Mehr als 300 Millionen Fernsehzuschauer verfolgten am Bildschirm jede Bewegung der Rettungsmannschaft. Wir saßen in der Tiefe der Mine San José gefangen und beobachteten atemlos die Fernsehübertragung. Schließlich hing unser Leben vom Erfolg der Aktion ab und der Ausgang war keineswegs gewiss.

Überhaupt gab es seit dem Augenblick, als die Mine am Donnerstag, dem 5. August 2010, einstürzte, keine Gewissheit mehr. Wir spürten, wie die Erde bebte. Es war schrecklich, als wir 33 Männer in einem Stollen 700 Meter unter der Erdoberfläche verschüttet wurden. Ein Bergungsteam fing am darauffolgenden Tag an, nach Überlebenden zu suchen, doch am 7. August, nur eineinhalb Tage nach dem ersten Einsturz, brach der Berg ein weiteres Mal ein, gerade als die Retter versuchten, die Mine über einen Belüftungsschacht zu betreten.

Draußen bot sich der Rettungsmannschaft ein hoffnungsloser Anblick: Eine Mauer von Schutt, um die 800 Meter dick, blockierte den Zugang. Für die Bergungsarbeiten musste schweres Gerät zur Mine geschafft werden, und das befand sich 30 Kilometer nordöstlich der chilenischen Stadt Copiapó.

Dass wir überhaupt noch am Leben waren, wurde erst am 22. August, 17 Tage nach dem ersten Einsturz, festgestellt. Aber das bedeutete noch nicht unsere Rettung. Es war erst der Anfang eines schier übermenschlichen Kampfes, den unsere Familien, das Rettungsteam, unser Volk und alle, die auf unsere Rettung hofften, auszufechten hatten.

Unsere Rettung war nur eines von vielen Wundern, die in der Mine geschahen.

Doch unter Tage war die Situation noch verzweifelter: Wir lebten, und zugleich waren wir lebendig begraben! Wir brauchten einen starken Glauben, um wenigstens ein Fünkchen Hoffnung zu behalten, dass dieser Albtraum gut ausgehen würde und dass zumindest einige von uns irgendwann wieder die warme Sonne im Gesicht spüren würden. Nachdem man uns gefunden hatte, mussten wir noch weitere siebeneinhalb Wochen auf unsere Rettung warten. Und während wir warteten, dehnten sich für uns die Minuten zu Stunden, die Stunden zu Tagen. Die Zeit dort unten veränderte uns für immer.

Nach endlosen Wochen harter Arbeit, die für die Rettungskräfte teilweise an Selbstaufopferung grenzte, gelang es, einen Schacht zu bohren und zu befestigen, der uns wieder mit der Erdoberfläche verband. Endlich wurde der erste Überlebende nach oben befördert. Die übrige Mannschaft folgte. Es dauerte ungefähr eine Stunde pro Mann.

Viele Leute sagten später, dass die Rettung aller 33 chilenischen Arbeiter aus dem Bergwerk San José ein Wunder war.

Doch unsere Rettung war nur eines von vielen Wundern, die in der Mine und im Leben der Männer, die diese Prüfung bestehen mussten, geschahen.

Meine Kindheit und Jugend

Ich wurde 1957 im Dorf San Clemente in der Provinz Talca geboren. Das liegt in der Nähe der Berge, die zur Region Maule im chilenischen Norden gehören. Wir waren 11 Geschwister, wobei nur 7 von uns heute noch leben. Weil wir eine christliche Familie sind, gaben unsere Eltern uns Namen von biblischen Personen: Einer meiner Brüder heißt Elijah, eine meiner Schwestern hat den Namen Esther. Ich selbst heiße José – die spanische Form von Josef.

Ich hatte eine sehr gute Beziehung zu meiner Mutter. Die wollte immer das Beste für ihre Kinder. Meine Mutter war gut zu uns, aber auch streng. Als wir jung waren, erzog sie uns mit eiserner Disziplin und bestrafte uns auch, wenn es nötig war. Ich denke, für einen Sohn ist eines der wunderbarsten Geschenke, eine Mutter zu haben. Als Jugendliche verstehen wir das meistens nicht, doch als Kinder und später als Erwachsene wissen wir es.

Die Beziehung zu meinem Vater war anders. Er war oft schroff und hart zu mir, und das ist wohl der Grund, warum ich es auch manchmal bin. Allerdings nahm mein Vater uns zu vielen interessanten Orten mit, zum Beispiel zum Wasserkraftwerk El Toro und in die Stadt Los Ángeles in Chile, was ich sehr spannend fand. Während meiner Teenagerzeit lebten wir dann in Los Ángeles. In diesen Jahren bekam ich ihn nur selten zu Gesicht. Wegen seiner Arbeit kam er nur einmal im Monat nach Hause. Die Zeit als Jugendlicher gehört zu den schwierigsten Lebensabschnitten, und eigentlich braucht ein Junge dann besonders seinen Vater als Gesprächspartner. Ich fühlte mich in diesen Jahren ziemlich allein. Wie gern hätte ich mehr Zeit mit meinem Vater verbracht!

Jedoch hatten seine langen Abwesenheiten auch etwas Gutes, denn das trug zu einer sehr engen Beziehung zu meinem Großvater bei, der Pastor war. Gott gebrauchte die tiefe Verbundenheit mit meinem Großvater. Auf diese Weise lernte ich sehr viel über den Herrn. Unzählige Male erlebte ich, dass mein Großvater wegen des Evangeliums in schwierige Situationen geriet. Er durchlebte sehr harte Zeiten und predigte dennoch weiter mit großer Liebe das Evangelium.

Manchmal ging ich mit meinem Großvater zusammen zu Gebetstreffen oder Gottesdiensten in die Berge. Ich begleitete ihn auch zu abgelegenen Dörfern, wo er das Evangelium verkündete. Dann kamen wir oft spätabends nach Hause und standen manchmal nach nur wenigen Stunden wieder auf, um an einen anderen Ort zu gehen. Bei manchen Gelegenheiten fuhren wir zusammen mit dem Fahrrad, bei anderen waren wir die ganze Nacht zu Fuß unterwegs, um ein bestimmtes Dorf zu erreichen.

Mein Großvater war ein sehr toleranter und liebevoller Pastor. Er hatte eine angenehme Art im Umgang mit den Leuten. Außerdem verstand er es, sich in die Menschen einzufühlen und sie zu überzeugen. Und er konnte Christus verkündigen. Er predigte mit großer Aufrichtigkeit und war in den Bergen und auf dem Land, wo er seinen Dienst tat, sehr beliebt. Ich fühlte mich ihm sehr verbunden. Schon seit langer Zeit sehe ich ihn als den geistlichen Leiter für mein Leben an. Sein Vorbild kam mir während der Zeit in den dunklen Gängen der Mine San José oft in den Sinn.

Meine Liebe zur Musik

Mit meinem Großvater teilte ich auch die Liebe zur Musik und die Begabung, Akkordeon zu spielen. Oft hörte ich ihm beim Musizieren und Singen zu und lernte auf diese Weise viel von ihm. Als ich dann in Los Ángeles zur Schule ging, lernte ich auch noch Gitarre, Schlagzeug und andere Musikinstrumente. Während wir in der Stadt Talca lebten, fing ich an, bei Folkloremusikgruppen mitzuspielen. Bald schon war die Musik für mich das Wichtigste im Leben. Ich liebte die Cueca, den chilenischen Nationaltanz, und war sehr gut auf der Harfe, der Gitarre und dem Akkordeon. Mit achtzehn Jahren gründete ich gemeinsam mit einigen anderen Musikern eine Folkloregruppe. Wir gewannen zwei wichtige Preise in der Kategorie Cueca beim Copihue de Oro, einem jährlichen Musikwettbewerb.

Die Musik führte uns an viele Orte, unter anderem auch nach Argentinien. Jahrelang traten wir in San Bernardo auf, wo sich viele Folkloreensembles treffen. Das jährliche Kulturfestival dort bringt die besten Folkloremusiker auf die Bühne. In Vergessenheit geratene Werke werden wiederentdeckt und aufgeführt. Ausstellungen zeigen Malereien und Kunstobjekte aus verschiedenen Regionen des Landes. Es wird auch Forschungsarbeit betrieben, und auf diese Weise entstehen wichtige Beiträge zur Musikkultur.

Es war eine spannende Zeit für uns. Wir durften die schöne chilenische Musik, die wir so liebten, mit vielen Menschen teilen. Doch die Musik gab meinem Leben keinen Sinn und verschaffte mir auch keine Befriedigung. Siebzehn Jahre meines Lebens weihte ich der Folklore, und doch schenkte sie mir keine Erfüllung. Mein Leben schien leer und bedeutungslos.

Im Gegenteil: Die Musik brachte mich auf Wege, die mich

von Gott wegführten. Mein Bruder trat mit mir zusammen als Volksmusiker auf, und oft stritten wir über die Melodien der Lieder, die wir spielten. Auch wenn wir in jener Zeit unsere Erfüllung außerhalb der christlichen Gemeinde suchten, klang die Musik unseres Großvaters doch immer noch in unseren Herzen und in unserem Sinn. Wenn wir christliche Musik hörten, fanden wir leicht zur Einigkeit zurück. Augenblicklich hörte dann jede Feindseligkeit zwischen uns auf. Das half mir, die Bedeutung des Bibelverses zu verstehen, in dem es heißt, dass Gott über den Lobgesängen seines Volkes thront (Psalm 22,4). Ich habe festgestellt: Wenn man seine Gitarre oder sein Akkordeon nimmt und für Christus spielt, begegnet man ihm mitten in diesem Lobgesang. Immer wieder habe ich erlebt, dass das stimmt, sogar in einer dunklen Mine.

Auch wenn ich mich von der Kirche distanzierte und mich ganz der Musik widmete, blieb doch die enge Beziehung zu meinem Großvater bestehen. Er akzeptierte mich und meine Art zu leben all die Jahre, obwohl er meine Fehler sah. Niemals verurteilte er mich. Im Gegenteil: Er unterstützte mich und brachte mir vieles bei. Er hörte nie auf, mich zu lieben, und begegnete mir immer mit einer positiven Einstellung. Dass er da war, erfüllte mein Leben mit Güte und umgab mich mit Liebe. So wie der Herr Jesus kam, um zu suchen und zu retten, was verloren ist, so rettete mein Großvater mich mit seiner Liebe.

Im Laufe der Zeit gewann die Liebe mich zurück. Viele von uns sagen: „Ich glaube an Gott, aber ich will ihm nicht gehorchen." Doch wir müssen sein Wort annehmen, seine Gebote und Weisungen befolgen, wenn wir an ihn glauben. Wir können nicht sagen, dass wir an Gott glauben, wenn wir ihn nicht in unserem Leben Herr sein lassen. Ohne Glauben können wir Gott unmöglich gefallen. In der Bibel heißt es:

„Der Glaube kommt aus dem Hören der Botschaft; und diese gründet sich auf das, was Christus gesagt hat" (Römer 10,17).

Wenn wir das Wort Gottes immer besser kennenlernen, werden wir all dies auch besser verstehen. Schritt für Schritt schenkt Gott uns immer mehr Verständnis und Weisheit und bereitet uns auf immer größere Herausforderungen vor. In all den Jahren, in denen ich Musik machte, hätte ich mir nie träumen lassen, dass ich einmal auf der Straße predigen würde. Und ich hätte auch nie gedacht, dass ich einmal in einer Mine predigen würde. Gott bereitete mich vor für das, was kommen würde.

Meine Geschichte mit Gott begann lange vor dem Einsturz der Mine San José. Während wir Bergleute 700 Meter unter der Erdoberfläche warteten, konnte ich in diesem kleinen, engen Raum die Herzen meiner Kumpel pochen hören. Wir wussten, es würde ein Wunder geschehen. Am Ende würden die

Wir können nicht sagen, dass wir an Gott glauben, wenn wir ihn nicht in unserem Leben Herr sein lassen.

Herausforderungen durch diese lange, schwere Prüfung ein Ende haben. Trotzdem machten wir uns viele Sorgen. Keiner von uns wusste, was die Zukunft mit sich bringen würde.

Als ich schließlich an der Reihe war und an der Erdoberfläche aus der Rettungskapsel trat, staunte ich über die ganze Ausrüstung, die Gott zusammengetragen hatte, um unser Leben zu retten. Ich erkannte, dass Gott keine Kosten dafür gescheut hatte. (Die Kosten für die Rettungsaktion wurden auf 20 Millionen Dollar geschätzt.) Und ich spürte, dass die wundersame Befreiung aus unserer Not nicht das Ende war, sondern ein neuer Anfang.

KAPITEL 2

Das Bergwerk San José

Während ich bei einem Festival Folkloremusik spielte, lernte ich eine Tänzerin namens Blanca Hettiz Berrios Vásquez kennen und verliebte mich in sie. Sie ist heute meine Frau. So hat mir die Musik doch ein großes Geschenk gemacht.

Nachdem wir eine Weile zusammen waren, teilte ich meinem Vater mit, dass ich heiraten wollte. Von Anfang an akzeptierte meine Familie Hettiz. Ich wollte heiraten und ein gutes Familienoberhaupt sein. Von der Musik allein konnte ich allerdings nicht leben, deshalb musste ich eine geregelte Arbeit mit einem festen Einkommen finden, um meinen Traum von Familie zu verwirklichen.

Ich war gelernter Mechaniker, und so ging ich zu großen Firmen, um eine Stelle als Schiffsmechaniker zu finden. Ich legte mein Bewerbungsschreiben und meinen Lebenslauf überall vor, wo vielleicht eine Stelle zu vergeben war. Die Zeugnisse zusammen mit meiner persönlichen Vorstellung würden mir eine gute Chance verschaffen, hoffte ich. Auch wenn ich damals dem Herrn nicht besonders nahestand, so war ich doch immer noch von dem geprägt, was ich in meiner Familie gelernt hatte. Das Wort Gottes sagt: „Überlass es anderen, dich zu loben! Es ist besser, ein Fremder rühmt dich, als du selbst!" (Sprüche 27,2) Mit diesem Gedanken im Hinterkopf legte ich meine Bewerbung vor und hoffte, dass meine Erfahrung und mein gutes Verhalten mit der Zeit mein Potenzial bestätigen würden.

Leider fand ich nicht die Arbeit, die ich mir gewünscht hatte. Weil ich in der Schiffsindustrie keine Kontakte und Freunde hatte, die mir hätten helfen können, blieben mir die Türen verschlossen. Schließlich fand ich einen Job als Tagelöhner: Weil ich sehr verliebt war und unbedingt heiraten wollte, nahm ich eine Stelle in der Mine „El Teniente" („Der Leutnant") an. So begann mein Leben als Bergarbeiter – genau wie bei meinem Vater, meinen Onkels und meinen Brüdern.

Mein Anfang im Bergbau

Die harte Arbeit in den Minen begann für mich im Jahr 1974. Doch es machte mir nichts aus, denn mein größter Wunsch war es ja, eine Familie zu gründen. Ich wusste, dass Gottes Segen auf der Ehe liegt, und nach all den Jahren können wir immer noch sagen, dass wir sehr glücklich sind. Hettiz ist für mich der Fels in der Brandung. Sie entspricht genau der biblischen Beschreibung einer guten Frau: „Eine tüchtige Frau – wer findet sie schon? Sie ist wertvoller als viele Juwelen!" (Sprüche 31,10) Ich danke Gott für meine Frau und bin sehr stolz auf sie. Die Hoffnung, Hettiz wiederzusehen, wärmte mir während der schweren und leidvollen Zeit in den verschiedenen Minen oft das Herz.

Leidvolle Zeiten gab es reichlich. In der Mine El Teniente in Rancagua in der Provinz Cachapoal erfuhr ich, was es bedeutet, im traditionellen Bergbau tätig zu sein. Hier machten die Kumpel alles von Hand, mit der Spitzhacke! Wir waren zwölf, die neu anfingen, und das Schaufeln wurde zur Feuerprobe. Man teilte uns in Vierergruppen ein, und jede Gruppe bekam einen Förderwagen, der acht Tonnen fasste. Dieser musste täglich bis zur Mittagszeit gefüllt werden. Nach unserer Probezeit wurden nur vier von uns übernommen.

Ich wusste nicht viel darüber, wie man die Bergbaugeräte bediente, aber etwas hatte mein Vater mir beigebracht. Da ich eine so enge Beziehung zu meinem Großvater hatte, arbeitete ich gerne mit älteren, erfahrenen Männern zusammen. Auf diese Weise lernte ich den Bergbau von den Meistern. Diese erfahrenen Männer brachten mir bei, wie man die Maschinen bediente, und zeigten mir die richtigen Handgriffe im Umgang mit bestimmten Geräten. Ihr Wissen brachte mich erheblich weiter. Deshalb rede ich jungen Menschen gern zu, sich den Älteren anzuschließen – denen, die mehr können – und sich deren Wissen anzueignen.

Während meiner Ausbildungszeit in El Teniente arbeitete ich als Holzarbeiter, Fördermann und Ausschläger sowie in anderen Bereichen der Mine. Damals bauten wir unsere Förderwagen selbst, und der Holzarbeiter hatte die Aufgabe, die Türen zu reparieren. Heutzutage besitzen die Wagen hydraulische Türen und sind auch sonst mit den Wundern der modernen Technik ausgestattet. Der Beruf des Ausschlägers existiert nicht mehr. Die Bergleute benutzen heute einen ferngesteuerten Hammer, den sie von einem Büro aus mithilfe eines Computers betreiben. Doch als ich im Bergbau anfing, wurde noch nicht so gearbeitet. Die mit Erz gefüllten Förderwagen mussten von Hand leer geschaufelt und ihr Inhalt auf Schubkarren geladen werden.

Später arbeitete ich für Leiharbeitsfirmen. Ich zog nach Los Ángeles, Pichipolcura, Lota und in andere Städte, je nachdem, wo das Unternehmen mich für bestimmte Projekte einsetzte.

In Lota arbeitete ich in einem Kohlebergwerk, wo ich eine schöne Erfahrung machte. Lota gilt als christliche Stadt, in der es sehr viele Gemeinden gibt. Viele Menschen dort kennen Jesus und sind mit Glaubensdingen vertraut. Die Männer dort in der Mine sind sehr gute Menschen.

∽

Als Kinder Gottes haben wir Anteil am Reichtum unseres Vaters.

∽

Lota war der einzige von all meinen Arbeitsplätzen, wo die Kumpel Gott lobten, bevor sie die Mine betraten. Am Eingangsschacht bestiegen wir einen Zug, der uns zu einer Stelle 8 Kilometer unter dem Meeresspiegel brachte. So weit mussten wir fahren, nur um an unseren Arbeitsplatz zu gelangen! Weil wir alle Christen waren, sangen wir auf der Fahrt christliche Lieder. Bevor wir mit der Arbeit begannen, hielten wir eine Andacht zur Ehre Gottes. Jeden Tag sangen wir Loblieder, lasen in der Bibel und beteten, bevor wir zu unseren jeweiligen Einsatzbereichen gingen und mit der Arbeit begannen.

Wir waren sehr glücklich in Lota; doch nach einer Weile kam ein Vertreter der Firma und teilte mir mit, dass ich nach Santiago ziehen und dort in der Goldmine El Indio im Gebiet von La Serena arbeiten sollte. Nachdem ich Lota verlassen hatte, merkte ich erst, wie gnädig Gott mir gewesen war. Der Bergbau ist mit hohen Unfallrisiken verbunden. Auch ich wurde mehrmals in Unfälle verwickelt.

Lange bevor ich mich in den Tiefen der Mine San José wiederfand, ging mir auf: Auch wenn wir unvollkommen sind, liebt Gott uns so sehr, dass er uns seinen Schutz gewährt. Als Kinder Gottes haben wir Anteil am Reichtum unseres Vaters – und er stellt uns alles zur Verfügung. Oft warnt er uns, bevor etwas passiert. Er zeigt seinem Volk seine Liebe, indem er seine Engel aussendet, um uns zu beschützen.

Ich war Gott so dankbar

Im Jahr 1986 gehörte ich zu einem Team, das ein Wasserkraftwerk in El Alfalfal in der Nähe unserer Hauptstadt Santiago baute. Eines Morgens sah ich ein merkwürdiges Bild vor meinem geistigen Auge: eine große Tasse, die mit Beton gefüllt und am Überquellen war. Mir fiel der Bibelvers ein: „Da ging der erste Engel und goss seine Schale auf die Erde" (Offenbarung 16,2). Also fragte ich den Herrn: „Was bedeutet das?"

Dann erinnerte ich mich, dass ein Bauer mit seinem Pflug an unserer Mine vorbeigekommen war und uns gewarnt hatte, es würde etwas passieren und wir seien in dem Bergwerk in Gefahr. Niemand hatte seine Worte beachtet, doch dann hatte sich in der ersten Nacht, in der wir im Camp bei der Mine schliefen, ein Unfall ereignet.

In der darauffolgenden Nacht passierte wieder etwas: Eine Gerölllawine kam mit hoher Geschwindigkeit ins Tal herunter und löste dort eine Überschwemmung aus. Wir schliefen tief und fest, als wir plötzlich ein lautes Grollen und Beben vernahmen. Es war schlimmer als ein Erdbeben. Das ganze Camp wurde hin und her geschüttelt. Mein Bruder, der auch Christ ist, war bei mir. Er weckte mich auf und rief: „Schau schnell, wie der Fluss anschwillt!"

Der Fluss war weit über die Ufer getreten, und die Strömung hatte unser Lager fast schon erreicht. Die Flut näherte sich vom anderen Ende des Tales. Sie bedeckte schon einige Gebäude, darunter ein Casino und die Büros. Ich rief meinem Bruder und den anderen, die bei uns waren, zu: „Wir haben keine Zeit mehr, unsere Sachen zu packen. Wir müssen sofort hier weg!"

Während die Flut immer höher stieg, rannten wir, so schnell wir konnten, 200 Meter den Hügel hinauf, wo wir in Sicherheit waren. Mehrere Geschäftsgebäude waren von den Wassermassen bereits zerstört und fortgerissen worden, ebenso Lastwagen, Busse und alle möglichen Maschinen. Die Zeitungen zeigten später ein Foto von einem riesigen Felsen von 13 Metern Durchmesser, der durch die Lawine gelöst und von der Flut mitgerissen worden war!

Auf der Flucht klopften wir an die Türen unserer schlafenden Freunde und versuchten, sie aufzuwecken, damit sie auch flohen. Doch wir konnten kaum mehr tun, als zu schreien und zu rennen. Niemals werde ich meinen Freund Dinamarca vergessen, der aus seinem Zimmer kam und mit mir rannte. Plötzlich stürzte er. Ich half ihm auf, doch dann machte er plötzlich kehrt.

„Wo willst du hin?", schrie ich.

Er war noch im Halbschlaf und begriff nicht, in welcher Gefahr er sich befand. Er wollte in sein Zimmer zurück! Ich flehte ihn an, nicht umzukehren, doch er hörte nicht auf mich, und ich habe ihn nie wiedergesehen.

Wir rannten und rannten. Die heißen Steine verbrannten unsere Fußsohlen. Wir kletterten bis in 250 Meter Höhe um den Berg herum und sahen zu, wie die Flut vorbeirauschte. Es war schrecklich. Wir blieben die ganze Nacht dort oben, nur halb bekleidet und starr vor Angst. Verzweifelt mussten wir mitansehen, wie unsere Freunde unten starben. Viele der

Männer, die in die Berge geklettert waren, mussten später mit Hubschraubern geholt werden, weil sie nicht mehr alleine hinuntersteigen konnten.

Es war ein sehr schweres Unglück. Mehr als 50 Menschen kamen ums Leben. Die genaue Anzahl ist nicht bekannt, weil zahlreiche Menschen unter den Geröllmassen begraben und nie wieder gefunden wurden. Viele meiner Freunde verloren dort ihr Leben. Deshalb bin ich Gott so dankbar. Und es war nicht das einzige Mal, dass er mich rettete.

Begegnungen mit dem Tal der Todesschatten

Jeder kann von einem Moment zum anderen in eine Tragödie verwickelt werden, und wir können nicht erklären, warum solche Dinge passieren. Viele Menschen machen dann Gott für Katastrophen verantwortlich, doch in Wirklichkeit trägt der Mensch oft die größte Schuld. Manche schrecklichen Dinge passieren, weil es Leute gibt, die unverantwortlich handeln, denen wirtschaftliche Vorteile wichtiger sind als Menschenleben. Immer wieder habe ich erlebt, welche schlimmen Folgen es hat, wenn es Menschen vor allem um das Materielle geht. Nach der Flut in El Alfalfal kämpften alle darum, die Maschinen des Bergbauunternehmens zu retten, und dachten nicht darüber nach, dass die Leichen der Opfer noch immer im Bergwerk waren und die Witwen nach ihren toten Männern fragten.

Im Laufe meines Lebens habe ich in verschiedenen Minen gearbeitet – in der Kupfermine in Rancagua, der Kohlemine von Lota und der Goldmine in La Escondida –, und der Tod lauerte immer um die Ecke. Im selben Jahr, als die Flut El Alfalfal verwüstete, wurden wir in der Mine von Cajón del

Maipo in Santiago Zeugen eines Unfalls, bei dem während der Nachtschicht die Hälfte der Männer umkam. Das halbe Team! An jenem Morgen hatte mein Vater die Schicht als Vorarbeiter; Gott hat ihn gnädig bewahrt. In der Mine El Teniente, die etwa 80 Kilometer südlich von Santiago liegt, bewahrte Gott mich bei drei Gesteinsexplosionen und einer weiteren Flut.

Mit der Zeit erkannte ich, wie Gott bei diesen Ereignissen an mir gearbeitet hat, und staune darüber.

Ich habe auch mehrere Jahre in Chuquicamata als Bohrmeister gearbeitet und kann daher nur bestätigen, dass die Minenunglücke, die ich erlebte, eine Art Vorbereitung auf die Situation in der Mine San José waren. Inzwischen glaube ich, dass diese Ereignisse in meinem Leben vergleichbar mit den Erfahrungen sind, die König David als Hirtenjunge machte: Der Kampf mit Löwen und Bären bereitete ihn auf die Begegnung mit Goliat vor. Mit der Zeit erkannte ich, wie Gott bei diesen Ereignissen an mir gearbeitet hat, und staune darüber. Auch wenn ich noch einmal durch ein Tal der Todesschatten gehen müsste, so vertraue ich doch weiterhin darauf, dass Gott in meinem Leben wirkt und mit mir zum Ziel kommt.

KAPITEL 3

Lebenswende

Eines Tages gab es für Hettiz und mich eine große Überraschung. Zunächst war es ein Schreck, als wir erfuhren, dass wir Zwillinge erwarteten. Das Glück im Doppelpack!

Auch als unsere Töchter klein waren, musste ich als Bergarbeiter immer mehrere Tage am Stück von zu Hause weg sein, um in der Mine Geld zu verdienen. Durch meine Arbeitszeiten lag die Verantwortung für die Erziehung unserer Töchter zum großen Teil bei meiner Frau.

Die Leiharbeitsfirmen organisierten die Arbeit nach einem Schichtsystem: elf zu drei, elf zu sechs, zehn zu fünf und zwanzig zu zehn. Dies bedeutete, dass man zwanzig Tage hintereinander arbeitete und dann zehn Tage freihatte, oder elf Tage arbeitete und sechs Tage freihatte. Solche langen Schichten sind heute nicht mehr erlaubt. Heutzutage arbeiten die Bergleute vier zu vier – vier Tage Arbeit und vier Tage Ruhe. Das alte System, bei dem man elf Tage arbeitete und dann sechs Tage freihatte, war sehr praktisch für diejenigen unter uns, die weit von der Mine entfernt wohnten und eine lange Anfahrt hatten. Wenn wir auch seltener nach Hause durften, so hatten wir dort immerhin mehr Zeit und Ruhe.

Obwohl ich ihnen natürlich zu Hause fehlte, beklagten

sich unsere Töchter nicht, wenn sie erfuhren, dass ich wieder wegmusste. Wir machten das Beste aus jeder Gelegenheit und nutzten die Zeit, in der ich zu Hause war. Es sind wunderbare Töchter, die man so gerne um sich hat.

Mein Leben war ohne große Probleme, weil meine Mutter immer sehr liebevoll zu mir gewesen war und ich es mit meiner eigenen Familie so gut getroffen hatte. Die Arbeit war hart, aber es war eine gute Arbeit. Trotzdem war ich nicht glücklich. Ich fühlte mich in meinem Alltag nicht ausgefüllt. Das Familienleben und die Arbeit genügten mir einfach nicht. Irgendetwas fehlte mir.

Fußball und Kartenspielen gehörten nie zu meinen Hobbys. Obwohl ich immer noch gerne Musik machte – eine Begabung, die der Herr mir gegeben hat, damit ich sie für ihn einsetze –, befriedigte mich das nicht. Wie so viele junge Menschen hatte ich kein wirkliches Ziel für mein Leben, und so wusste ich auch nicht, was ich mit meinen Begabungen anfangen und wie ich mein Leben gestalten sollte. Heute weiß ich, dass Gott auch diese Dinge in seiner Hand hat und wir darauf vertrauen können. Gott lässt zu, dass wir wie ein Drachen losfliegen und in den Himmel steigen, bis die Schnur reißt. Und dann ist er in seiner Barmherzigkeit da und gibt uns eine neue Chance, zu fliegen und uns von ihm steuern zu lassen. Ich fühlte mich also wie ein Drachen, der sich losgerissen hat, verloren und ohne Ziel für mein Leben. Doch das sollte sich bald ändern …

Aufbruch in eine neue Richtung

Wieder einmal gebrauchte Gott meinen Großvater, um mir meinen Weg zu zeigen, was ich so dringend brauchte. Mein Großvater war ein gottesfürchtiger und weiser Mann, der Verständnis für meine jugendlichen Schwächen hatte. Ich trank wenig Alkohol, aber ich mochte Zigarren und hatte eine Vorliebe für Kraftausdrücke. Einmal gab mir mein Großvater sogar Geld für Zigaretten, obwohl er wusste, dass der Mensch abhängig wird, wenn er sich einer schlechten Gewohnheit aussetzt. Mein Großvater ließ mich fliegen wie einen Drachen, damit ich selbst erfuhr, dass die Welt mir keine Erfüllung schenken konnte.

Ich fühlte mich wie ein Drachen, der sich losgerissen hat, verloren und ohne Ziel für mein Leben.

Eines Tages ging ich zu der Gemeinde, die meine Eltern besuchten, weil der Pastor, Osvaldo Real, meinen Großvater eingeladen hatte. Ich ging nur mit, um meine Mutter zu begleiten und um aufzupassen, dass meinem Großvater auf dem Weg dorthin nichts passierte. Wie immer bei meinen wenigen Besuchen saß ich auf einer Bank ziemlich weit hinten in der Kirche. Doch als wir an diesem Sonntag gerade das Gebäude wieder verlassen wollten, kam mein Großvater strahlend auf mich zu, umarmte mich und sagte: „Und du, mein Junge? So kräftig gebaut und so ein Feigling! Wann wirst du den Herrn Jesus Christus annehmen?"

Ich sah ihm direkt in die Augen und dachte: Was geht nur in diesem alten Mann vor? Natürlich sagte ich das nicht laut, aber in meinem Herzen fühlte ich so. Seine Worte machten mich unruhig. Ich merkte, dass ich nicht länger getrennt von Gott leben konnte. Kaum eine Woche später fragte ich meine

Mutter: „Was muss ich tun, um Jesus Christus anzunehmen? Was muss ich tun, um Gott zu dienen?"

Sie antwortete: „Nimm dein Akkordeon und stell dich dem Pastor vor. Mehr musst du nicht tun."

Ich befolgte ihren Rat. Am selben Tag ging ich zum Pastor, und das war der Anfang einer Veränderung in meinem Leben. In mir begann ein Feuer zu brennen. Selbst heute noch fehlen mir die Worte, um die große Liebe zu beschreiben, die ich an jenem Tag empfing, eine Liebe, die mich für immer prägen sollte.

Manche Leute denken, sie müssten sich erst verändern, bevor sie Gott suchen können. Aber der Herr sagt uns, dass wir ihn zuerst suchen sollen und er uns dann helfen wird, uns zu verändern. Er sagt: „Kommt zu mir, so, wie ihr seid." Er nahm mich so an, wie ich war: mit meinem Mund, der Kraftausdrücke ausspuckte, mit meinen Fingern, die gelb von Nikotin waren, mit meinem Atem, der nach Rauch stank, und vor allem mit meinem Herzen, das so unbefriedigt war.

Gott will uns nicht mit Gewalt beherrschen. Irgendwann kam ich an den Punkt, an dem ich zu sagen wagte: „Hier bin ich, Herr. Ich möchte dich kennenlernen. Ich möchte dir mein Leben geben." Und dann begann Gott, sich um mein Leben zu kümmern. Ich war kein Drachen mehr, der orientierungslos durch den Wind hin und her trieb. Gott hatte die Steuerung übernommen.

Die Verwandlung beginnt

Die Sprache der Bergleute ist sehr ruppig und unfreundlich. Doch wenn Gott beginnt, zu unserem Herzen zu sprechen, ist das der Anfang einer Veränderung in jedem Bereich un-

seres Lebens. Als ich endlich nach Gottes Hilfe und Weg-
weisung fragte, sah ich innerhalb kürzester Zeit die ersten
Resultate. Ich merkte, dass Gott sogar unsere Sprechweise
verwandeln kann, nicht indem er die Worte selbst verändert,
sondern indem er das umgestaltet, was
in unserem Herzen ist und was wir bei
anderen Menschen durch unsere Worte
hervorrufen.

Wenn Gott beginnt, zu unserem Herzen zu sprechen, ist das der Anfang einer Veränderung in jedem Bereich unseres Lebens.

Eine Woche, nachdem ich den Herrn
in mein Leben eingeladen hatte, schäm-
te ich mich plötzlich für etwas, das ich
getan hatte, und das war eine schwierige
Lektion für mich. Ich bediente gerade
ein großes Bohrgerät und wurde dabei
von einem Kumpel unterstützt, mit dem
ich normalerweise nicht zusammen-
arbeitete. Während wir unsere Aufgabe
erledigten, bemerkte ich, dass er einen Fehler machte. Daraufhin ließ ich eine sehr beleidigende Äußerung ihm gegenüber fallen – und ich danke Gott, dass mein Kollege es nicht
hörte! Doch mit meinen erneuerten Ohren hörte *ich* es, und
was mir ein paar Tage zuvor noch normal erschienen war, erfüllte mich nun mit Scham.

Einerseits fühlte ich mich schlecht, andererseits aber war
ich glücklich, weil ich merkte, dass Gott mir ein neues Gewissen geschenkt hatte, mit dem ich viel klarer erkennen konnte,
was richtig war.

Von diesem Tag an veränderte Gott meine Sprache. Ich bekannte meine Sünde, und er veränderte mich. Vorher konnte
ich nicht reden, ohne mindestens einen vulgären Ausdruck
im Satz zu benutzen. Doch nun, da Gott der wahre Herr
meines Lebens geworden war, konnte ich dieses Vokabular,

das ein so schlechtes Glaubenszeugnis für meine Umgebung war, nicht länger verwenden. Gott befreite mich von dieser Sprache, weil ich sein „wunderbares Licht" gefunden hatte (1. Petrus 2,9).

Ich entdeckte, dass Gott mit jedem von uns auf eine ganz persönliche Art umgeht. Er ist liebevoll und freundlich. Schritt für Schritt verändert er uns durch sein Wort, durch seine Liebe und Fürsorge. Er befreit uns von dem, was unschön an uns ist. Wir werden immer weiter von ihm lernen und von ihm geprägt werden, wenn wir auf sein Wort hören. Darum ist es so wichtig, zum Gottesdienst zu gehen – so erfahren wir mehr über Gott.

Wir müssen uns selbst im Spiegel der Heiligen Schrift betrachten, nach Gottes Willen fragen und unser Leben im Licht seiner Liebe sehen.

Mein Leben verändert sich

Nachdem ich den Herrn angenommen hatte, ging ich zwei Jahre lang ohne Unterbrechung jeden Sonntag zum Gottesdienst. Ich war glücklich. Dies war der Ort, an dem ich sein wollte. Ich erlebte die erste Liebe zu Jesus und wünschte mir nichts sehnlicher, als in der Nähe Gottes zu sein. So ist es, wenn ein Mensch so wie ich Jesus Christus als seinen Herrn annimmt.

Ich entschloss mich, zwei Jahre lang zu Hause zu bleiben und nicht mehr in einer Mine zu arbeiten. Bald fand ich eine andere Stelle, die näher an meinem Wohnort lag, damit ich mehr Zeit mit meiner Familie und meiner Gemeinde verbringen konnte. Damals war ich schon über 30. Ich predigte überall, wo ich gebraucht wurde. Zusammen mit meiner

Frau und unseren Töchtern nahm ich an Gebetstreffen und anderen Aktivitäten unserer Gemeinde teil. Während dieser Zeit arbeitete Gott an meinem Charakter und auch an meiner Familie. Ich stellte fest, dass mein Leben schon seit meiner Kindheit unter dem Schutz Gottes und unter dem Segen seiner Verheißung gestanden hatte.

Es waren zwei der glücklichsten Jahre meines Lebens. Ich diente dem Herrn auf jede erdenkliche Weise und ging an jeden Ort, an den er mich sandte. Er sorgte wunderbar für mich, und das war einfach schön. Doch dann fingen unsere Töchter mit dem Studium an und ich musste sicherstellen, dass wir eine ausreichende Krankenversicherung hatten und auch die anderen Ausgaben abdecken konnten. Dies war nur möglich, wenn ich zu meiner früheren Beschäftigung zurückkehrte, bei der ich mehr verdiente.

Auch wenn materielle Dinge für uns nicht das Wichtigste sein sollten, will Gott doch das Beste für unser Leben und auch für unsere Kinder. Wie können wir unseren Kindern helfen, wenn wir keinen guten Job haben? Wir müssen arbeiten, um für Nahrung und Kleidung zu sorgen, auch wenn diese Dinge nicht alles sind. Ich musste die Situation akzeptieren und erkennen, dass Gott mich auf einer gut bezahlten Arbeitsstelle haben wollte, damit ich in meinem Berufsleben aufstieg. So bin ich überzeugt davon, dass Gott mir grünes Licht gab, wieder zu meiner alten Beschäftigung in den Minen zurückzukehren.

Wenn ich dann an meinem neuen Arbeitsplatz eintraf, suchte ich mir zuallererst in der jeweiligen Stadt eine Gemeinde, der ich mich anschließen konnte. Ich entdeckte gute Orte, an denen ich für mich und meine Familie genug verdienen konnte, doch ich suchte auch eine Gemeinde, in der mein Geist Nahrung im Wort Gottes fand. In der Bibel heißt es:

„Glaubt nur nicht, ihr könntet euch über Gott lustig machen! Ihr werdet genau das ernten, was ihr gesät habt" (Galater 6,7). Ich liebte den Herrn und sein Werk, und ich erkannte mein Bedürfnis, bei Gott zu sein, seine Nähe zu spüren, gestärkt zu werden und aus seinem Wort zu lernen.

KAPITEL 4

Der Berg spricht

Die Mine San José liegt etwa 45 Kilometer von der Stadt Copiapó entfernt in der Atacama-Wüste, dem trockensten Ort der Welt. Sie wurde vom „San Estaban"-Bergbauunternehmen betrieben und war anfangs eine reine Kupfermine. Ich arbeitete seit sieben Monaten dort und bediente einen riesigen Bohrer, der auf einem hydraulischen Fahrwerk saß. Die Maschine wurde von verschieden großen Elektromotoren angetrieben, sodass man mit ihr Schächte unterschiedlicher Größe bohren konnte. Sie besaß hoch entwickelte Steuerelemente, mit deren Hilfe man sie sehr genau positionieren und so den bestmöglichen Effekt erzielen konnte.

Auch wenn ich als einfacher Arbeiter angefangen hatte, besaß ich inzwischen Erfahrung auf allen Gebieten des Bergbaus. Nun lernte ich, diese riesige Maschine zu bedienen, und wurde zum Vorarbeiter ernannt. Zwar erteilte ich nicht so gerne Anweisungen, aber ich nahm die Stelle an, weil es nur vorübergehend sein sollte. Ich beschloss, mich über diesen Job als einen Segen Gottes zu freuen, und nahm mir vor, meine Arbeit produktiv und friedfertig zu leisten.

Mein normaler Arbeitsablauf bestand darin, eine Bohrung vorzunehmen und dann den Schutt abzuräumen. Anschließend begab ich mich an eine andere Stelle und fing dort von Neuem an. Jeder Bohrvorgang dauerte etwa zwei Stunden, je nachdem, wie groß der Radius der Bohrung war. Wenn ich mit dem Bohren fertig war, kam der nächste Arbeiter, platzierte Sprengkörper im Bohrbereich und ließ sie detonieren. Der Schutt türmte sich dort auf, bis die Frontlader kamen, ihn aufsammelten und zu den Lastwagen hinaustransportierten.

Dies hört sich alles sehr einfach an, aber es war eine gefährliche Arbeit. San José war – wie erwähnt – eigentlich eine Kupfermine, wurde jedoch als Goldmine betrieben. Das Kupfer, das aus der Mine gewonnen wurde, war von minderwertiger Qualität; aber das dort gefundene Gold schien zu rechtfertigen, dass die Mine weiter betrieben wurde. Und so kam es zu einer völlig unangemessenen, übermäßigen Ausschachtung. Diese Praxis erzielt nicht die besten Ergebnisse, ihre Ursache liegt rein in der menschlichen Gier.

Doch die übermäßige Ausschachtung war nicht die einzige Gefährdung. Wir bohrten in einer Tiefe von 500 bis 700 Metern unter Tage. Darüber oder darunter gab es nichts mehr zu holen, weil dort bereits alles ausgeschöpft war. Dazu kam, dass die Mine zu wenige Belüftungsschächte besaß. Die Hitze der Motoren von den Lastwagen und Maschinen verstärkt die Wirkung des Kohlenmonoxids, das von den Maschinen ausgestoßen wird. Bei den hohen Temperaturen von um die 34 Grad entsteht ein sehr gefährliches Gasgemisch in der Luft. Ich habe selbst zwei Unfälle durch die Ansammlung von Stickoxiden und Kohlenmonoxid erlebt. Bei beiden Vorfällen war ich mindestens 40 Minuten bewusstlos.

Um unter diesen Arbeitsbedingungen überhaupt zu überleben, verbrachten wir Arbeiter unsere Pausen im sogenannten Schutzraum, einem Ort mit Sauerstoff und guter

Belüftung. Abwechselnd suchten wir diesen Raum auf. Wir erledigten unsere Arbeit und rannten dann dorthin, um Sauerstoff zu bekommen.

Die Gefahren werden ignoriert

Ich wusste, dass die Arbeitsbedingungen und die Sicherheitsvorkehrungen in der Mine San José nicht gut waren. Jeder Bergmann weiß, welchen Risiken er sich aussetzt, wenn er einen Vertrag unterschreibt. Doch die Gefahr zu verstehen und sie am eigenen Leib zu erfahren, ist etwas völlig anderes. Obwohl wir die Behörden über die Situation informierten, schenkten sie uns keine Beachtung. Das heißt, die Probleme wurden nicht angepackt.

Wer jahrelange Erfahrungen im Bergbau gesammelt hat, weiß, dass der Berg warnt, bevor etwas passiert. Dies war überall so, wo ich gearbeitet habe. Wer sich auskennt, sagt: „Die Mine spricht." Es ist, als ob der Berg aus dem Inneren heraus ruft: „Passt auf! Ich könnte in die Luft fliegen. Der Druck in mir sammelt sich zu einer Explosion."

Der Berg hatte uns schon eine ganze Weile vor einer Gefahr gewarnt, vielleicht sogar monatelang. Wir hörten ungewöhnliche Geräusche und ein Rumpeln von Gestein innerhalb des Berges. Irgendetwas tat sich überall, wo wir entlanggingen, sogar im Zugangstunnel. In den Biegungen und auch an anderen Stellen hatte es kleine Gesteinsexplosionen gegeben. Wir teilten es unserem Chef mit. Auch der Geologe hatte uns gewarnt, dass die Mine einstürzen könnte, die Rampe werde jedoch intakt bleiben. So schickte der Chef uns wieder an die Arbeit und forderte uns auf, Ruhe zu bewahren. Unternommen wurde – nichts.

Für manche Minenbesitzer ist eine Schaufel mehr wert als das Leben eines Kumpels. Sie sind nur daran interessiert, die Produktion aufrechtzuerhalten, und sorgen sich nicht um das Leben ihrer Bergleute. Darum werden manche Minen als erstklassig eingestuft und andere nicht. Man kann sie nicht alle über einen Kamm scheren, denn in manchen Minen wurden Sicherheitsrichtlinien eingeführt und Vorkehrungen getroffen, die eigentlich in jeder Mine Standard sein sollten. Es gibt solche und solche Minen. Und es gibt solche und solche Minenbesitzer.

Der Einsturz der Mine San José war eines der schlimmsten Unglücke in der neueren Geschichte des chilenischen Bergbaus. Es warf ein grelles Licht auf die Risiken und die schrecklichen Arbeitsbedingungen in den Minen. Es beweist auch, wie wenig Sicherheitsmaßnahmen zum Schutz der Bergleute getroffen wurden. Ich glaube, dass dieses Unglück geschah, damit in der Bergbauindustrie endlich die nötigen Veränderungen vorgenommen werden und der Rolle des Bergmanns seine ursprüngliche Würde zurückgegeben wird.

Warnungen

Während der sieben Monate vor dem Unfall, in denen ich in der Mine San José arbeitete, hatte ich eine Schicht von sieben zu sieben. Ich war also eine Woche im Bergwerk und in der nächsten Woche zu Hause. In einer Woche zu Hause, bevor ich wieder zur Mine zurückkehrte, geschah etwas Merkwürdiges. Wer Jesus Christus angenommen hat, wird mit dem Heiligen Geist beschenkt, und Gott wird zu einer wahrnehmbaren Realität im Leben dieses Menschen. So war es auch bei mir: Ich fühlte Gottes Nähe, noch bevor ich wusste, was auf mich zukam. Anderen ging es ebenso.

Meine Großmutter, die heute noch am Leben ist, spürte, dass Gott ihr etwas sagen wollte. Er teilte ihr mit, dass ich durch schwierige Lebensumstände gehen würde, durch eine sehr gefährliche und komplizierte Situation, und dass es mir schwerfallen würde, wegzugehen. Aufgrund dieser Wahrnehmung rief meine Großmutter meine Mutter an und erzählte ihr von den Gedanken, sodass sie gemeinsam dafür beten konnten. Doch mit dem einen Gebet schien es nicht getan zu sein, und so rief sie ein paar Stunden später wieder an. Gott beauftragte sie also zweimal damit, Gebetsunterstützung für mich zu suchen.

Als meine Frau das hörte, wurde sie sehr ängstlich und besorgt. Sie kannte die gefährlichen Bedingungen in der Mine, denn ich hatte ihr meine Sorgen anvertraut. Nachdem ich von der Botschaft meiner Großmutter erfahren hatte, sagte ich nur, dass jeden Moment etwas Schreckliches passieren könnte.

Als ich das Haus verließ, war der Abschied von meiner einen Tochter, die noch bei uns zu Hause wohnte, ganz anders als sonst. Sie stritt noch mit dem Taxifahrer, weil er sich nicht beeilt hatte. Als ich mich von ihr verabschiedete, fühlte ich plötzlich, wie die Gegenwart des Herrn uns umgab, und ich dachte: Es wird etwas passieren. Ich kann mir nicht erklären, warum meiner Tochter und mir der Abschied heute so nahegeht und wir so aufgewühlt sind. Die Abschiede früher waren anders, viel fröhlicher.

Später, während ich unterwegs zur Mine war, um meine Schicht zu beginnen, grübelte ich über das nach, was meine Großmutter gesagt hatte: „Du wirst ein Problem bekommen, und es wird sehr schwer für dich sein wegzugehen." Aus der

Bibellektüre und dem Nachdenken über das Gelesene wusste ich, dass der Weg des Evangeliums nicht mit Rosen bedeckt ist. Vielmehr sagt das Wort Gottes: „Euer Glaube wird sich bewähren und sich wertvoller und beständiger erweisen als pures Gold, das im Feuer vollkommen gereinigt wurde. Lob, Preis und Ehre werdet ihr dann an dem Tag empfangen, an dem Christus für alle sichtbar kommt" (1. Petrus 1,7). Dieser Bibelvers macht deutlich, dass unser Glaube auf die Probe gestellt wird, und das nicht nur einmal, sondern bei vielen Gelegenheiten. So begann ich unterwegs zu beten: „Herr, dein Wille geschehe."

Die Felsen explodieren

In der Nacht vom 4. August schliefen wir im Camp in Copiapó. Am nächsten Tag, dem 5. August, sollte ich wieder mit der Arbeit beginnen. Die Schicht fing wie immer sehr früh am Morgen an. Als die Sonne aufging, bereiteten wir uns schon auf einen weiteren harten Arbeitstag vor. Wir fuhren mit dem Bus zur Mine, zogen unsere Arbeitskleidung an und fanden uns an unseren jeweiligen Einsatzorten ein. Wir erhielten unsere Anweisungen für den Tag, und dann nahm jeder Mann seine Werkzeuge, seine Laterne, seinen Helm und seine persönlichen Dinge mit; wir stiegen auf die Lastwagen und fuhren tief hinunter in die Mine. Normalerweise fuhr unsere Gruppe zusammen mit all den anderen Bergleuten auf einem Lastwagen. Doch an jenem Tag brachen wir früher als die anderen mit einem kleineren Lastwagen auf. Unser Vorgesetzter kam mit uns, wir hatten keine Eile. Normalerweise fuhr er nicht mit in die Mine, weil es für ihn nicht erforderlich war.

Am Eingang zum Bergwerk stehen zahlreiche Figuren von Heiligen und von der Jungfrau Maria auf den Felsen. Einige meiner Kameraden grüßen diese kleinen Statuen, bevor sie die Mine betreten. Wieder andere von uns beten zu Gott, wenn sie in den Tunnel gehen. Für manchen Beobachter erscheint dies nur wie dasselbe religiöse Ritual, nur mit verschiedenen Objekten des Aberglaubens. Doch es ist nicht dasselbe. Für einige ist das Ritual nichts als ein Reflex, der nur wenige Sekunden dauert. Das Gebet jedoch ist ein bewusster Akt, eine Zwiesprache, mit der wir schon zu Hause beginnen, bevor wir zur Arbeit gehen. Wenn wir beten, fühlen wir uns beschützt und können unsere Zukunft dem unsichtbaren Gott anvertrauen. Dies ist ein Brauch, den alle evangelikalen christlichen Bergleute praktizieren, und seine Auswirkungen sind spürbar. Wenn wir die Mine betraten, so geschah dies in einer Haltung des Vertrauens und der Zuversicht, während wir auf die Routineaufgaben und Pflichten eines normalen Arbeitstages vorbereitet wurden.

Die Sprengfachleute betreten die Mine gemeinsam mit den Spezialisten für die verschiedenen Maschinen. Später kommen die Lastwagenfahrer und diejenigen, die im Sicherheitsbereich arbeiten oder Reparaturen durchführen sollen; und schließlich kommen die einfachen Minenarbeiter selbst und begeben sich auf ihre Posten. Auch an jenem Augusttag betrat ein Kumpel nach dem anderen die Mine, bis die Schicht voll mit Arbeitskräften ausgestattet war und alle bereit waren, die üblichen Tätigkeiten auszuüben wie an jedem anderen Arbeitstag auch.

Einige Mechaniker, die man geschickt hatte, um Maschinen zu reparieren, gingen mit mir gemeinsam hinein. Während ich mit meinem Team arbeitete, sagte einer von ihnen zu mir: „Señor Henríquez, wir möchten Sie um einen Gefallen bitten. Wir wissen, dass Sie heute Morgen nicht ganz so viel zu tun haben. Bitte überprüfen Sie diese Geräte und listen Sie alle Fehler auf, die Sie finden. Wir wollen genau wissen, wo die Probleme liegen, dann kommt das zur Reparatur."

Ich willigte ein, und natürlich war es auch meine Pflicht, mich darum zu kümmern. „Wir sind zum Arbeiten hier und führen gerne alles aus, worum Sie uns bitten", antwortete ich.

Ich erinnere mich, dass ich etwa eineinhalb Stunden brauchte, um ihre Bitte zu erfüllen. Ich überprüfte die Maschine sorgfältig, sodass meine Kollegen sie am nächsten Tag in die Werkstatt mitnehmen konnten. Ich entfernte eines der Räder, das in einem sehr schlechten Zustand war, und nahm es mit in die Werkstatt. Von dort ging ich in den Schutzraum.

Gegen 2 Uhr nachmittags wurden wir plötzlich von einem heftigen Felsendonnern aufgeschreckt. Die Gesteinsexplosion kam wie eine heranrollende Welle auf uns zu und überzog uns mit einer Schmutzschicht. Eine dichte Staubwolke hüllte uns ein. Es dauerte vier Stunden, bis sie sich wieder gelegt hatte.

Jede menschliche Seele nimmt Ereignisse wie dieses anders wahr, doch in diesem Moment dachten wir alle zuerst daran, für mehrere Sekunden stillzustehen, bis wir die Gefahr, die unsere tägliche Routine so jäh unterbrochen hatte, besser einschätzen konnten. Wir alle machten uns große Sorgen über das, was unter unseren Füßen geschah, über unseren Köpfen und in den Wänden, die hin- und herzuschaukeln schienen.

Wir befanden uns an verschiedenen Orten innerhalb der Mine, doch es schien uns am besten, den Schutzraum aufzusuchen, um dort Zuflucht zu finden. Nach und nach kam ein Kumpel nach dem anderen herein. Auch wenn der Raum innerhalb der Mine relativ tief lag, war er doch der sicherste Ort. Ja, dieser Raum war sogar für genau solche Situationen, wie wir sie erlebten, geschaffen worden. Wenn eine Mine angelegt wird, bestimmen Geologen den sichersten Ort zum Schutzraum, wobei sie sich nach der jeweils größten Stabilität der Gesteinsformationen richten. Unser Schutzraum war etwa 5 x 15 Meter groß (ungefähr die Größe eines Lastwagens) und sollte normalerweise mit einem Vorrat an Sauerstoff, Wasser und Nahrungsmitteln für Krisensituationen wie die unsere ausgestattet sein.

Nachdem die Gesteinsexplosionen und der Bergrutsch vorbei waren und die Staubwolke sich gelegt hatte, waren 33 von uns im Schutzraum versammelt. Einer nach dem anderen bestätigte, dass er keine einzige Verletzung erlitten hatte. Allein das war ein Grund zum Feiern und gab uns das Gefühl, ein Wunder zu erleben.

KAPITEL 5

Die Zuflucht

Gleich nach dem Unglück wurde mir klar, dass der Ausgang aus der Mine blockiert war. Immer wenn ein Zugangstunnel verschüttet wird, geben die Ohren die erste Warnung. So ahnten wir schon, was passiert war, doch ganz sicher waren wir uns nicht.

Nachdem der Staub und der Rauch sich so weit gelegt hatten, dass wir uns aus dem Schutzraum hinauswagen und umsehen konnten, begannen wir langsam, unsere Situation zu begreifen. Der Zugangstunnel war durch eine riesige Masse Felsen und Schutt blockiert. Wir machten uns Sorgen um zwei Kumpel, die kurz vor dem Unglück hinausgegangen waren. Hatten sie die Mine lebendig verlassen können? Oder waren sie irgendwo im Geröll eingeschlossen?

Wir führten mehrere Erkundungsgänge durch, um einen Fluchtweg zu finden. Zuerst versuchten wir, durch die Belüftungsschächte zu entkommen, doch das erwies sich als unmöglich. Uns fehlte die Ausrüstung wie Leitern oder Seile, um senkrecht nach oben zu gelangen. Außerdem waren unsere Laternen beschädigt. Wenn wir weiter nach einer Fluchtmöglichkeit suchten, würden wir uns zusätzlichen Gefahren aussetzen. So gaben wir schon am ersten Tag jede Hoffnung auf ein einfaches Entkommen auf. Wir kehrten zu unserem Schutzraum zurück und fanden uns mit der Tatsache ab, dass wir alles Menschenmögliche versucht hatten. Ein Entkommen war unmöglich.

Wir waren auch nicht in der Lage, mit der Außenwelt in Kontakt zu treten. Wir wussten: Draußen würde man vermuten, dass wir im Schutzraum Zuflucht suchen würden, wenn wir überhaupt noch am Leben waren. Und tatsächlich befanden wir uns ja auch dort; doch wir konnten kein Lebenszeichen von uns geben und nicht mitteilen, dass es uns gut ging. Dieser Gedanke belastete uns.

Nachdem uns allen klar geworden war, dass es keinen Ausweg gab, besprachen wir unsere Situation miteinander. Wenn wir überleben wollten, bis die Rettungsmannschaft uns gefunden hatte, mussten wir uns organisieren und einen neuen, ganz anderen Lebensstil finden. Wir hatten keine Ahnung, wie lange das dauern könnte. Und so begann unser Kampf ums Überleben.

Die Lage einschätzen

Die Maschine, die ich bedient hatte, der Jumbo, wie wir ihn immer nannten, stand ganz in der Nähe des Belüftungsschachts. Als ich sie sah, wurde mir plötzlich klar: Wenn das beschädigte Rad nicht gewesen wäre, hätte ich an meinem üblichen Platz gearbeitet – an der Maschine, die nun völlig unter dem Geröll begraben war! Meine Kollegen und mein Vorgesetzter hatten sich weiter weg von dem Schacht befunden, sodass sie aus dem einstürzenden Bereich fliehen konnten. Doch wenn ich zu dem Zeitpunkt an der Maschine gearbeitet hätte, dann hätten die herunterstürzenden Felsen und der

Schutt meinem Leben ein Ende gesetzt und ich könnte jetzt nicht diese Geschichte erzählen. Schon der Gedanke an dieses kleine Detail gab mir die Gewissheit, dass Gott mich schützte.

Doch nicht jeder in unserer Gruppe hatte diese Überzeugung. Jeder Mensch ist anders, und nicht alle in unserer Gruppe reagierten so wie ich. Es war ja auch nicht jeder schon so lange im Bergbau tätig. Bei uns waren sowohl Männer, die noch sehr jung und neu im Geschäft waren – einige hatten erst vor 4 oder 6 Tagen angefangen –, als auch viel ältere Männer, die jahrelange Erfahrung und viel Fachwissen aus dem Bergbau mitbrachten. Trotzdem versuchten wir alle, optimistisch zu bleiben, auch wenn wir uns eingestehen mussten, dass wir zu unserer Rettung selbst nichts beitragen konnten.

Die äußeren Bedingungen stellten uns auf eine harte Probe. Der Schutzraum verfügte über keine ausreichende Belüftung, und so herrschte ständig eine Temperatur von 31-34 Grad. Die Schalter, mit denen die Ventilatoren betrieben wurden, waren defekt, und dasselbe galt auch für die Wasser- und Stromleitungen. Da wir also in dem Raum keinen Luftstrom erzeugen konnten, schwitzten wir alle fürchterlich.

Auch im Blick auf die Versorgung mit Lebensmitteln sah es nicht besser aus. Eigentlich hätte im Schutzraum ausreichend Proviant für mehrere Tage lagern sollen. Doch in der Kiste mit dem Notvorrat fanden sich nur ein paar Dosen Thunfisch, Lachs und Kondensmilch. Und selbst diese konnten nicht ohne Bedenken verzehrt werden, denn das Haltbarkeitsdatum war längst abgelaufen. Es gab auch noch ein paar Packungen Kekse, doch diese waren im Handumdrehen verschwunden.

Im Schutzraum hätte auch Trinkwasser für die durchschnittliche Anzahl an Arbeitern in einer Schicht (also 33) vorrätig sein müssen. Durch die Staubwolke bekamen wir großen Durst, sodass der Container mit 40 Litern bereits am ersten Tag leer war. Danach hatten wir nur noch das Wasser zur Verfügung, das wir sonst für die Arbeit brauchten. Es lagerte in großen Tonnen. Dabei handelte es sich um Brauchwasser, das eigentlich nicht zum Trinken geeignet war, doch wir hatten ja nichts anderes.

Angesichts dieser schwierigen Herausforderungen beschlossen wir, uns neu zu organisieren. Wir mussten ja wohl für mehr als nur ein paar Tage in der Mine bleiben. An diesem Punkt kamen verschiedene Meinungen auf. Einige forderten bestimmte Dinge ein, während andere um jeden Preis den Frieden bewahren wollten. Manche zeigten eine positive Einstellung, andere dagegen wurden sehr negativ.

Im schattenhaften Dunkel der Mine wurde uns schnell klar, dass Gott unsere einzige Hoffnung, unsere einzige Kraftquelle war.

Dennoch gingen wir an die Arbeit. Wir rationierten die Vorräte, die wir in den nächsten Tagen zur Verfügung haben würden. Wir beschlossen auch, dass wir nicht alle an einem Ort bleiben konnten. Der Schutzraum war zu klein, als dass wir alle bequem darin Platz gefunden hätten. Außerdem wurde die Hitze in dem Raum immer unerträglicher. Also entschieden wir, uns in drei Gruppen aufzuteilen. Eine Gruppe würde im Schutzraum bleiben, die beiden anderen würden höher gelegene Plätze in der Mine aufsuchen. Als Nächstes wählten wir die Bereiche aus, in denen die beiden Gruppen sich aufhalten konnten, und setzten sie entsprechend instand. Auf diese Weise wollten wir unseren Aufenthalt unter Tage etwas bequemer und angenehmer machen.

Wir entfernten Batterien und Lampen aus den Maschinen, um unsere neuen Quartiere zu beleuchten. Mit einer anderen Jumbo-Maschine, die sparsam im Energieverbrauch war, luden wir die Batterien auf, denn wir mussten die wenigen Treibstoffvorräte, die wir noch hatten, behutsam nutzen. Eine Batterieaufladung hielt etwa zehn bis zwölf Stunden.

Alle beteiligten sich an den anfallenden Arbeiten. Jeder Mann erledigte pflichtgemäß seine Aufgabe, die ihm bei der Arbeitseinteilung zugefallen war, und dies zeigte, dass alle eine positive Einstellung hatten. Doch dann merkten wir, dass uns noch etwas Wesentliches fehlte, und das hatte nichts mit der praktischen Arbeit zu tun. Wir brauchten geistliche Hilfe für unsere Seelen, denn in unserer schrecklichen Situation konnte sich leicht die Angst in unseren Herzen festsetzen. Wir alle wussten nur zu gut, wie gefährlich es war, in den Tiefen eines Bergwerks eingeschlossen zu sein.

Bergmann Nr. 34

Im schattenhaften Dunkel der Mine wurde uns schnell klar, dass Gott unsere einzige Hoffnung und unsere einzige Kraftquelle war. Schon ganz am Anfang, noch bevor wir begannen, uns zu organisieren und zu entscheiden, wie wir mit der Situation umgehen wollten, äußerte ich meinen Freunden gegenüber diesen Gedanken. Sie sagten mir: „José, wir möchten, dass du uns im Gebet anleitest." Es bestand kein Zweifel, dass wir jetzt die Hilfe des Himmels brauchten.

Und so kam es, dass ich außer den praktischen Aufgaben auch noch eine geistliche Aufgabe zugewiesen bekam. Dies geschah nicht per Mehrheitsbeschluss. Da die Männer mich als Christen kannten und ich oft mit ihnen über bestimmte

Grundsätze gesprochen hatte, fiel mir die Rolle automatisch zu. So begann also meine Aufgabe als Gebetsleiter. Meine Kollegen wünschten sich, dass ich Gebetszeiten einrichtete, bei denen wir alle gemeinsam den Herrn um unsere Befreiung bitten würden, wenn dies sein Wille war.

Ich erklärte mich bereit, unser Beten zu leiten, aber ich sagte ihnen auch, dass wir Christen zu einem lebendigen Gott beten, der Ohren hat und uns sehr wohl hört, wenn wir beten. Es war also nötig, dass sie im Glauben beteten, vertrauensvoll und in dem Bewusstsein, dass er uns hörte, zu Gott riefen. Wenn sie also nicht in der Lage wären, im Glauben zu beten, dann müssten sie sich einen anderen Gebetsleiter suchen. Sie lehnten das nicht ab, sondern nahmen meine Bedingungen an und sagten: „Wir machen es so, wie du es sagst."

Wenn ein Christ in eine schwierige Situation gerät, sollte er als Erstes beten: „Herr, ich bin dein Kind. Bedecke mich mit deinem kostbaren Blut." Ich kann Ihnen versichern, dass wir vom ersten Tag des Unglücks an zu beten anfingen. Wir riefen zu Gott, und er antwortete uns. Er musste keine Türen finden, um zu uns zu kommen, denn wie wir wissen: „Für Menschen ist es unmöglich, aber nicht für Gott" (Lukas 18,27). Als wir uns im Gebet vor Gott beugten, fühlten wir seine Gegenwart in unserer Mitte. Er war da! Ohne Zweifel war er unser 34. Bergmann.

In den folgenden Tagen beteten wir gemeinsam, und ich verkündete das Wort Gottes. In meinen Predigten stellte ich ihnen Christus vor, und dann beteten wir zusammen ohne Rücksicht auf unsere Konfessionen oder religiösen Vorlieben; wir beteten einfach in der Hoffnung, eine Antwort vom Herrn zu erhalten. Ich sagte den Männern: „Beten heißt, mit Gott zu sprechen; es ist nichts, was wir auswendig lernen und dann wieder aufsagen. Das Gespräch mit Gott ist sehr wichtig, denn es ist, als ob wir uns mit einer sehr bedeutenden Person unterhalten würden. Es ist so, wie wir als Kinder mit unserem Vater geredet haben, als wir noch klein waren und Hilfe brauchten. Im Gebet sprechen wir mit jemandem, den wir nicht sehen können. Und doch: Wir, die wir den Herrn angenommen haben und ihn kennen, haben die Gewissheit, dass er da ist. Denn wir wissen, dass er seine Verheißungen wahr macht."

Das Gebet wurde zu unserer wichtigsten Kraftquelle. Das Interesse an unseren Gebetszeiten wuchs im Lauf der Zeit und die Beteiligung wurde intensiver. Wir begannen, auch persönliche Gebete zu sprechen, sodass jeder von uns jeweils mit eigenen Worten an dem Gespräch mit Gott teilnehmen konnte. Jeder hatte die Möglichkeit, Gott zu loben und sich auf seine ganz eigene Weise auszudrücken. Alles in allem hatten unsere Gebete eines gemeinsam: Wir baten Gott, die ganze Situation in seine Hand zu nehmen, denn es war sonst niemand da, der uns hören konnte.

Wachsen im Glauben

Als wir verschüttet wurden, hatten wir keine Bibel. Doch als ich mit meinen Kollegen über den Herrn sprach, merkte ich, wie viele Bibelverse und geistliche Gedanken, die ich früher gelernt hatte, wieder in mein Gedächtnis zurückkehrten. Jeder Abschnitt aus Gottes Wort, den ich weitergab, und jedes Gleichnis unseres Herrn, das ich erzählte, war zuerst in meinem eigenen Herzen ausgesät worden. Mir wurde klar, dass hier in meinem Leben das geschah, was die Bibel über das Leben der Christen sagt: „Ihr selbst seid ein Brief Christi, den wir in seinem Auftrag geschrieben haben; nicht mit Tinte, sondern mit dem Geist des lebendigen Gottes; nicht auf steinerne Gesetzestafeln wie bei Mose, sondern in menschliche Herzen" (2. Korinther 3,3).

Ich hatte zwar an vielen Bibelstunden teilgenommen und in der Gemeinde mitgearbeitet, in der ich als Kind gewesen war, aber ich war doch erstaunt, wie vieles ich in meinem Gedächtnis behalten hatte! Vielleicht sät der Feind Gottes Zweifel in unserem Herzen, weil er nicht will, dass wir uns für das Wort Gottes interessieren und mehr darüber erfahren. Aber in Zeiten der Not erinnern wir uns plötzlich wieder an das, was wir jahrelang gehört und gelernt haben; so werden wir gestärkt, wenn es keine andere Möglichkeit gibt, das Wort Gottes zu empfangen.

Als ich mir das Gelernte wieder vergegenwärtigte und mit meinen Leidensgefährten über den Herrn sprach, begann Gott in ihnen zu wirken und gab ihnen Gelegenheit, ihn kennenzulernen und mit ihm zu sprechen. Einige von ihnen wurden sofort aus der Finsternis gerettet, und ich sah mit großer Freude, wie der Herr ihr Leben veränderte.

Ein Mann aus unserer Gruppe tat sich in besonderer Weise hervor und wurde mein Assistent, ein „Timotheus", den der Herr mir in diesen dunklen Stunden an die Seite stellte, damit ich mit meiner geistlichen Verantwortung nicht ganz allein war. Er fiel mir sofort auf, als wir mit unseren Gebetstreffen begannen. Er pflichtete den Gebeten immer mit den Worten bei: „Ja, Herr. Amen, Herr. So möge es sein!" Am dritten Tag unseres Eingeschlossenseins rührte der Herr ihn an. In diesem Moment geschah etwas Wunderbares. Darauf machte dieser Mann einen Schritt nach vorne und richtete folgende Worte an Gott: „Herr, ich habe dich früher gekannt. Vergib mir, dass ich dich wieder verlassen habe. Wenn du mich aus diesem Ort herausholst, verspreche ich, dass ich dir für den Rest meines Lebens dienen werde."

Ich ging auf meinen Kollegen zu und gab ihm die Gelegenheit, ein Gebetstreffen zu leiten. Ich schlug ihm vor, den anderen zu erzählen, was das Wort Gottes in sein Herz gelegt hatte. Dabei erinnerte ich mich an die Gebetstreffen, an denen ich als Kind teilgenommen hatte: Dort hatten die Menschen immer die Gelegenheit erhalten, Gott zu loben und ihm zu danken. Auch in unserer Situation mussten wir diese Möglichkeit eröffnen, um die Zuversicht der Gruppe zu stärken. Wir wünschten uns, dass die Versammelten nicht nur Zuschauer waren, sondern aktiv teilnahmen und ihre Liebe zu Gott in einem persönlichen Gebet zum Ausdruck brachten. Ich wollte jedem in der Mine die Gelegenheit geben, dem Herrn Danke zu sagen oder ihn zumindest mit einem Lied zu loben.

Das Gebet spielte in unserer Geschichte die allerwichtigste Rolle.

Das Gebet spielte in unserer Geschichte die allerwichtigste Rolle. Aus menschlicher Sicht konnten wir überhaupt nichts tun. Wir hatten keine Ahnung, was außerhalb der Mine vor sich ging, und die Rettungsmannschaft wiederum hatte keine Ahnung, was in der Mine vor sich ging. Doch beim Beten fühlten wir uns von der Gegenwart des Herrn umgeben. Bergmann Nr. 34 war bei uns. Wir konnten seine Gegenwart spüren, und wir sprachen täglich mit ihm.

So behielten wir die Oberhand und konnten durchhalten, während wir sehnsüchtig auf Hilfe warteten. Denn wir wussten nicht, ob man überhaupt noch nach uns suchte oder ob man schon aufgegeben und uns für tot erklärt hatte.

KAPITEL 6

Sich an die Hoffnung klammern

W ir hielten unerschütterlich an unserer Hoffnung fest, während wir im dunklen Inneren des Bergwerks gefangen waren. Allerdings war uns nicht bewusst, wie hoffnungslos unsere Situation den Menschen außerhalb der Mine erschien.

Nach unserer Rettung las ich einige Artikel aus der regionalen Zeitung „El Mundo" und aus anderen Medien und erkannte erneut, dass unsere Situation sehr verzweifelt gewesen war. Die Rettungsmannschaft hatte mit ungeheuer schwierigen Bedingungen zu kämpfen gehabt. In einem der Berichte war zu lesen:

Montag, der 16. August, in der Mine San José in der Atacama-Wüste: Ingenieure, Rettungsmannschaften und Spezialisten der Bergbauunternehmen „Chuki" und „La Andina" wetteifern darum, wer als Erster die 33 Kumpel findet, die in den Tiefen des Kalksteinberges gefangen sind. Ein Sondierungsteam arbeitet schon seit Tagen und hat bereits einen halben Kilometer tief gebohrt. In der Zwischenzeit steigt Igor, ein Bergbauingenieur aus dem Norden Chiles, in die eingestürzte Mine San José hinunter. Ihm zur Seite stehen einige der erfahrensten Bergbauexperten aus

Chile, Peru und Bolivien. Sie hoffen, die verschütteten Bergleute zu finden, bevor ihre Kollegen vom Bohrteam den Schutzraum erreichen, wo man die Kumpel vermutet. Der Schutzraum befindet sich etwa 680 Meter unter der Erdoberfläche.

Igor und sein Team lassen sich in die Mine hinunter und erleben eine unangenehme Überraschung. Für die Rettung der 33 Minenarbeiter markiert der Sonntag einen tiefen Einschnitt. „Wir betraten die Mine und sahen eine geradezu dantesche Szene: Alles war eingestürzt und eine Geröllmauer hinderte uns am Fortkommen, also mussten wir einen breiten Weg entlanggehen. Auf der einen Seite befand sich die Mauer und auf der anderen Seite ein gigantisches Loch. Dann sackte plötzlich der Boden neben der Mauer weg, und wir mussten alle zurückspringen", erzählt Igor.

Die gefährlichen Bedingungen am Einsatzort erforderten eine Unterbrechung der Rettungsarbeiten in der Mine. „Ich hoffe, dass es meinen Kollegen gut geht, aber die Bedingungen dort unten müssen extrem schwierig sein", meint ein Bergbauingenieur.

„Es gibt viele Gerüchte im Blick auf die Rettungsarbeiten. Am ersten Tag gelang es einem Team, sich dem Schutzraum bis auf etwa 150 Meter anzunähern. Sie berichteten, dass sie keinen zerstörten Lastwagen gesehen hätten. Sie fanden auch keine Leichen und sie hörten überhaupt keine Geräusche. Wir müssen realistisch sein. Die Bedingungen in der Mine sind äußerst schlecht. Meiner Meinung nach ist es kaum möglich, dass dort noch irgendjemand am Leben ist." Diese Ansicht vertritt ein Spezialist, dessen Vorgesetzte ihn wieder an seinen regulären Arbeitsplatz zurückbeordert haben, weil er in der Mine San José nichts mehr ausrichten kann.

Nach Meinung dieses Experten haben vor allem zwei Faktoren direkten Einfluss auf die Überlebenschancen der Bergleute. Erstens wurden keine Auswirkungen einer Druckwelle festgestellt. „Der einstürzende Bereich fällt in einen leeren Raum hinunter, was zu einer Luftzirkulation mit hoher Geschwindigkeit führt.

Diese Druckwelle ist so stark, dass sie Lastwagen, Ausrüstungs-gegenstände und natürlich auch Menschen mitreißen kann, als ob sie leicht wären wie Federn. Der untere Abschnitt der Mine besteht aus zwei Teilen. Wir sind sicher, dass einige der Bergleute im Produktionsbereich arbeiteten. Wir können nur hoffen, dass die Druckwelle nicht den Bereich erfasst hat, in dem sie tätig waren", sagt Igor.

Das andere große Problem ist die Wasserversorgung. Igor ist der Auffassung, dass es in der Mine kein Wasser gibt. „Die einzige Flüssigkeit, die ihnen vielleicht zur Verfügung steht, ist das Brauchwasser, das für die Arbeit benutzt wird. Es ist kein Trinkwasser, aber unter diesen Umständen ist das nicht von Bedeutung. Die Wasserrohre wurden beim Einsturz der Mine komplett herausgerissen. Die einzige weitere Möglichkeit könnte darin bestehen, dass sich irgendwo eine Pfütze gebildet hat und die Männer sie gefunden haben. Wir sollten bedenken, dass sie bei Temperaturen von ungefähr 38 Grad gearbeitet haben, deshalb ist die Gefahr der Austrocknung sehr groß."

Igor fügt noch hinzu, dass die Mine keinen Schutzraum im eigentlichen Sinn hatte. „Die einfachsten Schutzräume sind Gesteinsformationen, die hermetisch gegen Brände abgeriegelt sind. Sie sollten mit Lebensmittelvorräten und Sauerstoff produzierenden Maschinen ausgerüstet sein. Die Mine San José hat nichts dergleichen."

Was Igor außerdem Sorge macht: Das erste Rettungsteam, das am Sonntag, zwei Tage nach dem Unglück, fast bis zum Schutzraum vordrang, hat keine Geräusche gehört. „Sie haben überhaupt nichts gehört, was bedeutet, dass der Gang mit den Bergleuten hermetisch abgeriegelt ist", erklärt er. Wenn von irgendwo noch Luft hineinkommt, ist es gut. Wenn aber nicht, werden sie die vorhandene Luft aufbrauchen, bis sie bewusstlos werden." Nach Igors Meinung könnte es jeden Augenblick zu einem wei-

teren Einsturz kommen, der vielleicht noch schlimmer ist als der
erste, der die 33 Kumpel eingeschlossen hat.

„Natürlich haben wir die Umgebung des Bergwerks gesperrt,
weil wir befürchten, dass die gesamte Mine San José in einer Art
Dominoeffekt einstürzen könnte", erklärt er. „Zumindest sind die
Bergleute Experten. Wir hoffen, dass sie in der Lage sind, mit den
schwierigen Bedingungen fertigzuwerden, und dass sie bald wie-
der bei uns sind", sagt der Ingenieur noch, bevor er das Hotel Ter-
rasol de Caldera verlässt. Morgen beginnt der dreizehnte Tag nach
dem Unglück.

Vielleicht war es ganz gut, dass wir nicht wussten, wie die
Außenwelt unsere Lage einschätzte. In der Mine konnte je-
doch selbst der allergrößte Skeptiker nicht leugnen, dass et-
was im Gange war, was die menschliche Vernunft überstieg.
Gott stärkte uns in unserer Hoffnung, schenkte uns Mut,
Hoffnung, Einigkeit und seinen Frieden, der höher ist alle
Vernunft. Im Gebet – dem Ruf unseres Herzens – rangen wir
um Einigkeit, damit wir alle mit unserem Boot in dieselbe
Richtung ruderten. Und Gott erhörte uns.

Wir wurden zu einer Gemeinschaft, die dasselbe Ziel und
dieselben Werte verfolgte. Wir erfuhren eine Einigkeit unserer Gefühle und Gedanken, die wir Christen „Einheit" nen-
nen. Obwohl es normalerweise in einer so großen Gruppe von
unterschiedlichen Menschen immer zu Meinungsverschiedenheiten kommt, vor allem in einer Situation wie unserer,
gab es zwischen uns doch recht wenige Unstimmigkeiten.
Dort unten waren wir Männer von einem anderen Geist erfüllt. Wir konnten spüren, wie der Geist Gottes unter uns
wirkte, wenn wir beteten. Während wir uns immer wieder
zum Gebet trafen, wuchs in uns die Zuversicht und Gewissheit, dass Gott uns retten würde.

Unsere Hoffnung wird geprüft

Einige Männer hatten, wie mein Großvater es ausdrücken würde, „keine Gemeinschaft mit uns". Nicht alle wollten Christus als ihren Herrn annehmen und sich vor Gott beugen. Dennoch erfuhren wir sehr deutlich, wie Gottes Macht sich offenbarte. Wir erlebten ganz klare Zeichen der Gegenwart des Heiligen Geistes. Ja, wir sahen ihn sogar in Form einer Taube auf uns ruhen.

Diese Art von Visionen sind für diejenigen, die glauben, etwas Wunderbares. Für die aber, die nicht glauben, sind sie, wie die Bibel es bezeichnet, nichts als Unsinn: „Der Mensch kann mit seinen natürlichen Fähigkeiten nicht erfassen, was Gottes Geist sagt. Für ihn ist das alles Unsinn, denn Gottes Geheimnisse erschließen sich nur durch Gottes Geist" (1. Korinther 2,14). Als einige der Männer diese Dinge hörten und einen Kumpel beobachteten, der von ganzem Herzen mit tränenüberströmtem Gesicht zum Herrn rief, löste das Widerstand in ihnen aus.

Auch wenn wir als gläubige Menschen mit dem Herrn leben, stellt er die Seinen auf die Probe – das bestätigt uns die Bibel.

Die Welt kann und wird nie völlig verstehen, was wir dort unten erlebt haben. Es ist schwierig, den Grund für unsere Hoffnung darzulegen. Für einen Menschen, der nur auf seine eigene Kraft vertraut, ist das Evangelium nur Unsinn. Doch Gott zeigt uns bestimmte Dinge, wenn es notwendig ist – wenn es wichtig ist und seinem Ziel dient. Ich bewahrte die Hoffnung, weil ich die Worte meiner Großmutter als Zeichen von dem deutete, der alles Zukünftige im Voraus genau kennt.

Doch auch wenn wir als gläubige Menschen mit dem Herrn leben, stellt er die Seinen auf die Probe – das bestätigt uns die Bibel. Als Kinder Gottes werden wir oft geprüft, wie Gold im Ofen geläutert wird. Das gehört zu den undurchschaubaren Geheimnissen Gottes. Es ist immer wieder erstaunlich, auf welche Weise Gott das tut. In der Mine gab es viele Prüfungen und viele Gelegenheiten, uns entmutigen zu lassen. Oft standen wir in der Gefahr, die Hoffnung zu verlieren und aufzugeben.

Ab dem Tag des Unglücks wussten wir nicht, was außerhalb des Bergwerks vor sich ging. Wir wussten nichts von unseren Frauen, Vätern, Müttern, Geschwistern und Kindern. Wir wussten auch nicht, ob ein Versuch zu unserer Rettung unternommen wurde.

Doch irgendwann hörten wir endlich Bohrgeräusche in den Felsen. Sie benutzten also einen Sondierungsbohrer, um uns zu finden! Ein Sondierungsbohrer hat ein Rohr in der Mitte, durch das man mit den Leuten außerhalb der Mine kommunizieren kann. Dies war ein ermutigendes Zeichen, ein greifbarer Grund zur Hoffnung.

Doch während wir lauschten, merkten wir plötzlich, dass die Bohrgeräusche nicht mehr von oben kamen. Stattdessen hörten wir sie unter uns. Der Sondierungsbohrer hatte sein Ziel verfehlt! Er hatte unseren Schutzraum nicht erreicht, sondern war in einiger Entfernung an uns vorbeigegangen. Damit schwand für viele von uns die Hoffnung.

Wir stärken uns gegenseitig

Das Herz wurde uns schwer. Frustriert mussten wir erkennen, dass es nicht mehr viele solcher Versuche geben würde. Wir wussten nicht, wann die Leute an der Oberfläche die Rettungsarbeiten einstellen würden. Während viele von uns daraufhin den Mut sinken ließen, hatte Gott mir doch gezeigt, dass er uns retten würde. Ich glaubte von ganzem Herzen daran, dass unser Gebet schon lange erhört worden war. In diesem Moment dachte ich: Wie gut ist es doch, ein Kind Gottes zu sein! Wie gut ist es, zum Volk Gottes zu gehören und Teil seiner Familie zu sein!

Ich wusste ohne jeden Zweifel, dass ich unter dem Schutz Christi stand. Wenn wir unser Leben Jesus übergeben, dann werden wir nicht nur mit dem Heiligen Geist versiegelt, sondern empfangen auch die Verheißung des Heiligen Geistes: „Darauf hat uns Gott vorbereitet, indem er uns als sicheres Pfand dafür schon jetzt seinen Geist gegeben hat" (2. Korinther 5,5). Diese Zusagen sind wahr und sie erfüllen sich immer, wenn es notwendig ist.

Auch wenn die Zuversicht der Männer manchmal schwankte, hatten wir doch immer eine lebendige Hoffnung, dass wir die Mine wieder verlassen und nach Hause gehen würden. Wir versuchten, unser Vertrauen auf diesen Gedanken immer wieder in Worte zu fassen. Manche von uns sagten zum Beispiel: „Ich bin sicher, dass ich hier rauskomme" oder: „Ich lasse mich vom Teufel nicht täuschen" oder: „Ich will leben". Während der ganzen Zeit im Bergwerk trafen wir uns ohne Unterbrechung täglich zum Beten. Manchmal hielten wir unsere Gebetstreffen zweimal am Tag ab – in der Mittagszeit und um 6 Uhr abends.

Unsere Gemeinschaft in der Mine war durch eine Tragödie zu einem feinen Tuch gewoben worden, denn Christus ist der Meisterweber. Wir versuchten, auf alle erdenkliche Weise in der Einheit, Gemeinschaft und Hoffnung zu leben, die er schenkt. Darum bemühten wir uns sogar, wenn wir Meinungsverschiedenheiten hatten. Einmal gab es eine hitzige Diskussion zwischen zwei Männern, die eigentlich gute Freunde waren. Danach trafen wir uns zum Beten, und sie reichten sich wieder die Hände, umarmten sich und baten einander um Vergebung. Ihre Freundschaft war sofort wiederhergestellt.

Unsere Gemeinschaft in der Mine war durch eine Tragödie zu einem feinen Tuch gewoben worden, denn Christus ist der Meisterweber.

„Dies ist nicht der richtige Ort, um im Streit miteinander zu leben", pflegte ich zu sagen. „Der Herr möchte hinzufügen und vermehren, nicht teilen. Außerdem können wir hier nicht im Streit sein, also beenden wir die Sache und schicken den Teufel wieder da hinunter, wo er hingehört, denn hier hat er nichts zu suchen."

Es mag merkwürdig klingen zu sagen: „Schickt den Teufel hinunter!", wenn man sich 700 Meter unter der Erdoberfläche befindet. Aber ganz egal, wo man ist: Man kann davon ausgehen, dass Feindseligkeiten und Angriffe immer von unten kommen. Wenn man aber seinen Blick auf die Hoffnung des Himmels richtet, ganz gleich, ob man ihn mit seinen irdischen Augen sehen kann oder nicht, dann trifft früher oder später Hilfe ein.

KAPITEL 7

„Es geht uns gut im Schutzraum"

Es genügt nicht, wenn Christen die Bibel „nur" kennen. Das Wort Gottes lehrt uns, dass wir es auch in die Tat umsetzen müssen: „Wenn ich in allen Sprachen der Welt, ja, mit Engelszungen reden kann, aber ich habe keine Liebe, so bin ich nur wie eine dröhnende Pauke oder ein lärmendes Tamburin" (1. Korinther 13,1). Darum glaube ich, dass es für Christen notwendig ist, demütig zu sein, schlicht, freundlich, liebevoll und herzlich. Sie sollen nicht zurückhaltend, ernst und distanziert sein, wie manche Leute glauben. Ich möchte versuchen, die Menschen zu erreichen, ihre Freundschaft zu gewinnen, damit ich weiß, wie es ihnen geht und wie ich ihnen helfen kann. Ich möchte nicht wie eine undurchdringliche Wand wirken, sondern mit den Menschen zusammen sein, ihre Gemeinschaft genießen und ihnen zeigen, dass Christen freundlich, großzügig und warmherzig sind.

Mein Platz ist bei den Menschen, und die Mine wurde genau der kostbare Ort, an dem ich von Christus sprechen und die Liebe und Hoffnung weitergeben konnte, die nur er schenkt. Doch das war mit Sicherheit keine leichte Aufgabe.

Die 33 Männer waren sehr unterschiedlich in ihrem Charakter und in ihren Erfahrungen. Am Anfang bestand in unserer Gruppe kein großer Zusammenhalt.

Bei der Arbeit konzentrierte sich jeder auf seine jeweilige Aufgabe, und wir pflegten keine engen Beziehungen zueinander. Manche von uns kamen von außerhalb über eine Leiharbeitsfirma; somit waren wir nur vorübergehend im Bergwerk, um eine bestimmte Arbeit zu erledigen, mehr nicht. Wir waren nur dem Vorarbeiter oder Schichtleiter verantwortlich und hatten nicht viel, wenn überhaupt etwas, mit unseren Kollegen zu tun. Andere Bergleute wiederum wohnten in der Nähe und gehörten zum festen Personal des Unternehmens.

> *An jedem einzelnen Tag, an dem wir in der Mine eingeschlossen waren, erlebten wir die Gegenwart des „Bergmanns Nr. 34".*

Einige der Männer waren jung und unerfahren; sie kannten sich im Bergbau nur wenig aus, während die Älteren fast ihr ganzes Leben dort unten verbracht hatten. In den ersten Tagen waren vor allem die jungen Männer niedergeschlagen und hatten wenig Hoffnung. Es gab auch Augenblicke, in denen sie fluchten, wenn das auch manchmal nur als Spaß gemeint war. Auf jeden Fall aber waren sie impulsiv und sagten manchmal unpassende Dinge. Anscheinend fühlten sie sich missverstanden und hatten keine positive Einstellung. Ich hatte den Eindruck, dass Gott mich zu ihnen sandte, um ihnen Mut zu machen und ein verständnisvoller Freund zu sein.

Mit der Zeit veränderte sich die Haltung der jungen Männer. Sie brachten viele positive Eigenschaften zum Vorschein und taten viel Gutes. Manche fielen regelrecht auf und dies ist wichtig zu erwähnen; denn sie waren zwar jung und hatten nicht viel Erfahrung, aber sie verhielten sich wie Männer. Sie zeigten sich auch empfänglich für Glaubensfragen und suchten nach einer engeren Beziehung zum Herrn.

Nach den ersten 17 gemeinsamen Tagen unter diesen schrecklichen Lebensbedingungen kannten wir 33 Männer uns sehr gut. Die Beziehungen untereinander wurden viel enger. Manche waren zwar eher schweigsam, aber dennoch konnten wir miteinander tiefgründige Gespräche über unser Leben führen. Wir wurden zusammengeschweißt und arbeiteten gemeinsam als Team.

Ein Festmahl vor dem Herrn

Wir hatten nicht die feierliche Umrahmung oder die Musikinstrumente, die man normalerweise in einer Kirche vorfindet; und doch wurde unser Schutzraum zu einer Kirche. 700 Meter unter der Erdoberfläche versammelten wir uns, suchten Gott mit aufrichtigem Herzen und vereinten unsere Stimmen zu seinem Lob. Und an jedem einzelnen Tag, an dem wir in der Mine eingeschlossen waren, erlebten wir die Gegenwart des „Bergmanns Nr. 34", wie wir ihn nannten. Jeden Tag erfüllte Gott uns mit Kraft und Freude.

Man stelle sich das vor! Wir beteten und sangen Loblieder für Gott, während wir dem Tod ins Auge sahen. Ich glaube, dass Gott sich deshalb sehr über uns freute. Jeden Tag erlebten wir etwas Außergewöhnliches. Zum Beispiel wurde einer unserer Männer krank und sehr schwach. Also salbten wir ihn im Namen des Herrn, und schon am nächsten Tag ging es ihm gut und er konnte seine Arbeit wieder aufnehmen.

Wir baten Gott auch immer, unseren Hunger wegzunehmen, unser Essen zu vermehren und es sättigender zu machen. Gott antwortete, indem er unseren Hunger stillte.

Allein das war schon ein großes Wunder, denn wir hatten so wenig. Wenn wir normale Portionen gegessen hätten, dann hätten die Lebensmittel nur für 3 oder 4 Tage gereicht – und wir kamen 17 Tage damit aus!

Es war nicht einfach. Wir rechneten damit, dass wir noch viele Tage in der Mine verbringen müssten; deshalb mussten wir das wenige, was wir hatten, in noch kleinere Portionen aufteilen, damit die Vorräte länger ausreichten. Als selbst diese Lebensmittel fast aufgebraucht waren, begannen wir zu fasten, erst für 24 Stunden, dann für 48 und schließlich für 72 Stunden. So wollten wir denen, die nach uns suchten, mehr Zeit verschaffen.

Das harte Fasten führte jedoch zu Konflikten. Trotzdem verstand jeder, in welcher Situation wir waren. Wir mussten die Tatsache akzeptieren, dass wir uns in einem Wettlauf gegen den Tod befanden und deswegen stark und mutig zu sein hatten.

Wir hatten beschlossen, uns demokratisch zu organisieren, und so zählte das, was die Mehrheit dachte. Niemand gab Anweisungen. Alle Entscheidungen trafen wir einmütig und unterstützt durch das Gebet. Wir stellten fest, dass eine durch das Gebet getragene Demokratie ein hervorragendes System ist, das sehr gute Ergebnisse liefert.

Wir machten einen festen Plan für die Mahlzeiten. Immer, wenn wir uns zur vereinbarten Zeit zum Essen niederließen, baten wir Gott um seinen Segen für unsere bescheidenen Portionen. Wir wechselten uns beim Tischgebet ab und dankten vor jeder Mahlzeit für das Essen. Für einige unserer Kollegen war das neu.

Schließlich hatten wir nur noch eine Dose Thunfisch übrig – etwa eineinhalb Tassen voll. Als wir nun vor unserer letzten Mahlzeit standen, beschlossen wir, sie diesmal anders zuzubereiten. Wir wollten eine Art „letztes Abendmahl" feiern, auch wenn es eigentlich ein Mittagessen war. Wir verließen den Schutzraum und begaben uns in einen Bereich der Mine, der durch den Einsturz besonders betroffen war. Diesen Ort wählten wir, weil dort mehr Luft zirkulierte und wir ein Feuer anzünden wollten, um in einer Pfanne mit heißem Wasser eine warme Mahlzeit zuzubereiten. Jeder Mann gab dann seine Portion Thunfisch in die Pfanne, und wir kochten eine Thunfischsuppe. Hätten wir den Thunfisch trocken gegessen, dann hätte jeder nur einen halben Löffel voll davon bekommen. Doch weil wir unsere Portionen miteinander teilten, erhielt jeder eine Tasse heiße „Thunfischsuppe". So hatten wir eine warme Mahlzeit, die wir genießen konnten und die nicht so schnell aufgegessen war.

Während die Suppe kochte, waren wir begeistert von dem herrlichen Aroma. Wir dachten: Vielleicht zieht der Rauch unseres Feuers durch den übrig gebliebenen Belüftungsschacht und wird zum Signal für unsere Retter. Später erzählte uns das Rettungsteam, dass es wohl den Rauch gesehen hatte, jedoch nicht auf den Gedanken kam, dass er von uns stammen könnte.

Nachdem wir die Suppe gegessen hatten, legten sich einige der Männer zu einem Mittagsschlaf hin, als ob wir ein ordentliches Steak gegessen hätten. Auch ich legte mich eine Weile zum Ausruhen hin und versuchte einzuschlafen, doch es ging nicht. Ich blieb wach. Während ich dort lag, hatte ich eine Vision. Es war ein sehr eindrückliches Bild eines Kampfes gegen den Feind meiner Seele. Er versuchte mich niederzuschlagen, doch es gelang ihm nicht.

In der Vision sprachen zwei weltliche Geister zu mir. Der erste versuchte mich durch Furcht zu überwältigen. Der andere sagte: „Nimm mich mit." Als ich darüber nachdachte, dankte ich dem Herrn. Ich begriff: Selbst die Dämonen wussten, dass Gott uns hier herausholen würde! Und sie wollten gerne mitkommen.

Nach diesem Erlebnis stand ich auf und war voller Freude. Ich ging zum Schutzraum und pries Gott für diese Bestätigung, dass wir bald draußen sein würden. Für mich war das etwas Ungeheuerliches! Ich wurde nicht müde, Gott zu danken.

Selbst heute noch bin ich Gott für diese Vision dankbar, die ich bei vollem Bewusstsein erlebte. Ich kann nur von ganzem Herzen bestätigen, dass Gott derjenige ist, der uns Kraft gibt. Er ist die Quelle unserer Stärke. Durch das Gebet und durch seinen Heiligen Geist versorgt Gott uns mit allem, was wir brauchen.

Der Bohrer bricht durch!

Gott möchte sehen, dass die Einstellung der Menschen sich verändert. Er will, dass wir unseren Stolz, unsere Selbstüberschätzung und unsere Selbstzufriedenheit ablegen. Er will uns zeigen, wer wir wirklich sind, damit wir erkennen: Wir sind nur eine Handvoll Staub, dem der Herr das Leben eingehaucht hat. Ich bin überzeugt, dass wir in der schwersten Zeit im Bergwerk das Herz Gottes mit unserer Einstellung und unserem Glauben berührten. Ich glaube, dass der Herr uns den Ort zeigte, wo wir hingehen sollten, weil er wusste, dass uns dort eine Probebohrung erreichen würde.

Unsere Freude war vollkommen, als nach 17 Tagen des Wartens die zweite Sondierungsbohrung endlich den Schutzraum erreichte. Einerseits war es eine Überraschung, andererseits nicht. Wir warteten in unserem Schutzraum und lauschten, bis wir wussten, wo der Bohrer durchbrechen würde. Wir machten uns bereit, um möglichst schnell zu handeln, wenn der Bohrer in den Raum eindrang. Die Menschen oben mussten erfahren, dass es uns gut ging und dass sie uns im Schutzraum finden konnten.

Als der Sondierungsbohrer durchbrach, machten wir uns dadurch bemerkbar, dass wir mit einem Hammer auf die eiserne Bohrstange schlugen, damit sie bis nach oben vibrierte. Die Männer oben fühlten die Vibration und stoppten die Maschine. Das verschaffte uns Zeit, die Botschaften anzubringen, die wir vorbereitet hatten, und die Bohrstange mit Farbe zu bemalen, sodass die Rettungsmannschaft diese ungewöhnliche Markierung bemerken würde. Wir hatten mehr als genug Zeit, die Botschaft an der Stange des Bohrers zu befestigen und die Farbe aufzutragen.

↩

Ich kann nur von ganzem Herzen bestätigen, dass Gott derjenige ist, der uns Kraft gibt.

↩

Als Bergmann wusste ich, wie man den Weg eines Schachts, der gebohrt worden war, zurückverfolgt; und als ich den Punkt sah, an dem der Bohrer in den Schutzraum eingedrungen war, wurde ich sehr froh. Es war genau der Ort, den der Herr mir gezeigt hatte. Jetzt mussten wir nur noch warten, während die Männer oben ihre Arbeit machten. Es war nur noch eine Frage der Zeit. Das Wunder war geschehen!

Nach 17 Tagen des Eingeschlossenseins in einer Tiefe von 700 Metern unter der Erdoberfläche hatten wir endlich wieder Kontakt zur Außenwelt! Der Sondierungsbohrer schenkte uns neue Hoffnung. Die Welt oben hatte uns nicht aufgegeben. Sie wussten nun, dass wir am Leben waren. Unsere Familien warteten draußen auf uns, und Gott begann zu erfüllen, was er mir gezeigt hatte.

Wir jubelten und feierten wie die Verrückten. Die Öffentlichkeit wurde allerdings erst informiert, nachdem der chilenische Präsident, Sebastián Piñera, an der Mine eingetroffen war.

An jenem Tag schickten wir mehrere Botschaften nach oben. Die eine, die in der ganzen Welt veröffentlicht wurde, hatte einer meiner Kollegen mit einem dicken Filzstift geschrieben: „Es geht uns gut im Schutzraum. Die 33." So begann unsere Kommunikation mit der Außenwelt und die Kommunikation der Außenwelt mit uns. Und weil auf beiden Seiten des Bohrschachts gefeiert wurde, schien die Entfernung plötzlich viel kleiner.

Die Welt kommt in unseren Schutzraum

Die Ankunft des Bohrers brachte Veränderungen für unsere Gruppe. Es würde noch viele Tage dauern bis zur endgültigen Rettung. Das Bergungsteam wusste es bereits: Von der Entdeckung, dass wir am Leben waren, bis zur Bereitstellung der Kapsel, die uns nach oben holen sollte, würden wir noch viele Tage geduldig warten müssen. Darum bestand die oberste Priorität darin, uns Mut zu machen und uns zu beruhigen.

Der erste Schritt auf dem Weg dorthin war, den Bereich zu erkunden und ein Stück von der ersten Bohrung entfernt eine geeignete Stelle zu finden, an der man eine größere Öffnung bohren und uns dadurch mit Lebensmitteln und Wasser versorgen konnte. In den ersten paar Tagen bekamen wir nur Zuckerwasser. Am liebsten hätten wir natürlich ein Steak zum Abendbrot gehabt, doch wir begriffen, dass unser Körper sich erst wieder an feste Nahrung gewöhnen musste.

Man beauftragte ein Team von Psychologen für uns, die

uns allerdings eher wie Kinder behandelten und nicht wie Männer. Ich denke, sie stellten sich wohl vor, dass wir geistig nicht mehr auf der Höhe waren, sondern in einer erbärmlichen mentalen Verfassung. In der Beziehung wurden sie allerdings eines Besseren belehrt. Nachdem wir uns mehrmals mit den Leuten draußen unterhalten hatten, merkten sie, dass wir geistig gesund waren, mit klarem Verstand dachten und auch sonst guten Mutes waren. Sie konnten es kaum glauben! Magenschmerzen waren das einzige Problem, das einige von uns hatten, doch psychisch ging es uns allen gut. Schließlich waren sie gezwungen, den leitenden Psychologen des Teams abzulösen, weil keiner von uns mehr mit ihm reden wollte.

Wir nahmen nun auch Kontakt zu unseren Familien auf und tauschten Briefe mit ihnen aus. Eine unserer ersten Fragen an die Außenwelt betraf das Schicksal unserer beiden Kollegen, die kurz vor dem Einsturz die Mine verlassen hatten. Wir wussten nicht, was mit ihnen geschehen war, und befürchteten, dass sie vom Geröll eingeschlossen worden waren. Doch Gott sei Dank hatten sie es noch nach draußen geschafft. Als wir wussten, dass sie in Sicherheit waren, hatten wir immerhin eine Sorge weniger.

Nachdem das Rettungsteam begonnen hatte, uns Lebensmittel zu schicken, erhielten wir auch viele Geschenke. Eines davon war eine Bibel, und zwar für jeden der 33 Männer, die in der Mine eingeschlossen waren. Wir waren sehr überrascht, dass die chilenische Bibelgesellschaft die Bibeln nicht nur gespendet, sondern auch den Namen des jeweiligen Kumpels aufgeprägt hatte sowie die Worte: „Gute Bücher sollten in guten Händen sein." Es war ein großer Segen für jeden von uns, dass wir das Wort Gottes zum Lesen hatten. So konnten wir die Bibelstunden, die wir in Verbindung mit unseren Gebetstreffen abhielten, aktiver gestalten. Außerdem bekam jeder von uns die Bibel als Hörbuch, in dem die Geschichten wie Theaterstücke aufbereitet waren. So wurde das Wort Gottes für uns viel leichter verständlich, und gerade den jungen Männern gefiel das besonders.

Die Leute schickten uns allerdings auch verschiedene sakrale Gegenstände herunter und wollten, dass wir sie an den Wänden des Schutzraums rieben und ihnen wieder hochschickten. Sie spürten, dass dort ein Wunder geschehen war, und glaubten, die Kraft des Raumes könnte auf diese Gegenstände übertragen werden. Eine magische Vorstellung. Welche Torheit! In der Bibel steht dazu ganz klar: „Fertige dir keine Götzenstatue an, auch kein Abbild von irgendetwas am Himmel, auf der Erde oder im Meer" (2. Mose 20,4). Es ist wohl wahr, dass dort unten ein Wunder passiert ist. Doch dies geschah nur, weil eine Gruppe von Männern zum Herrn rief und sich vor Gott beugte – und er in seiner großen Gnade ihre Gebete erhörte.

Auch andere Dinge wurden in die Mine heruntergeschickt, darunter solche, die wir besser nie bekommen hätten. Die Leute versorgten uns mit Pornozeitschriften und mit anderem Lesematerial voll schmutziger Witze. Sie meinten, das sei gut für uns und würde die Stimmung der Männer heben. Doch keiner von uns hatte darum gebeten, und es war nicht gut für uns. In Wahrheit verdarb es nur die Atmosphäre. Es ist traurig, aber wahr: Diese Dinge bezeugten nur das oberflächliche Glück, das die Welt uns bietet.

Wenn ich zurückschaue und über die schweren Tage nachdenke, die wir erlebten, bin ich voller Staunen über das Wunder, das Gott vollbrachte. Einer der Ingenieure, die für die Rettungsaktion verantwortlich waren, sagte später, dass die zweite Bohrung, die uns schließlich erreichte, eigentlich vom Kurs abgekommen war und es dafür keine technische

Erklärung gab. Das erinnerte mich daran, dass nur Gott die Macht hatte, den Weg des Bohrers zu ändern. Nie zuvor war ein Bohrer so weit abgewichen. Und gerade darin liegt das Wunder. Wäre der Bohrer nur einen halben oder ganzen Meter weiter seitlich eingedrungen, hätte er uns wieder verfehlt. Stattdessen kam der Bohrer genau am richtigen Scheitelpunkt, am „Äquator" heraus. Er drang gerade dort durch, wo er sollte. Gott macht alles perfekt.

Ja, ich erinnere mich noch an das Leid und die Isolation. Ich weiß noch, wie der Kummer uns überwältigte, als die erste Sondierungsbohrung fehlschlug. Auch werde ich nie den Tag vergessen, an dem uns das Essen ausging, und wie wir beteten, dass der Herr die letzte Ration ver-

Es war ein großer Segen für jeden von uns, dass wir das Wort Gottes zum Lesen hatten.

mehrte und für uns sorgte. Wie schnell beantwortete Gott unser Gebet! Nachdem die zweite Bohrung geglückt war, blieb unsere Essenskiste niemals leer. Die Gebetszeiten in unserem Schutzraum unter der Erde schweißten uns zusammen und gaben uns Zuversicht. Doch Gott allein gebührt alle Ehre für unsere Rettung. Er sorgte dafür, dass es uns im Schutzraum gut ging.

KAPITEL 8

Die Rettung ist ganz nah

Eine der schwersten Lektionen, die wir in den Tiefen des Bergwerks lernen mussten, war, geduldig zu sein und miteinander auszukommen. Obwohl ich mich selbst für einen geduldigen Menschen hielt und Erfahrung in der Zusammenarbeit mit den unterschiedlichsten Leuten hatte, musste auch ich lernen, andere nicht nur zu tolerieren, sondern sie so anzunehmen, wie sie waren. Ich weiß also aus eigener Erfahrung, wie schwierig es sein kann, mit anderen klarzukommen, besonders, wenn wir Menschen annehmen sollen, mit denen wir Meinungsverschiedenheiten haben. In einer bestimmten Situation im Bergwerk El Indio hatte ein Bergmann über mich gesagt: „Gehen wir doch zu dem evangelikalen Prediger, dann haben wir was zu lachen." Ja, es kann schon eine Herausforderung sein, mit verschiedenen Charakteren zusammenzuarbeiten, respektvoll und in gegenseitiger Annahme miteinander umzugehen und Versöhnung zu suchen.

Wir hatten sehr viel zu tun, um unsere Rettung vorzubereiten, und das bot viele Gelegenheiten, sich in Geduld, Weisheit und Verständnis zu üben. Anfangs ließen uns die Psychologen und andere Leute von außerhalb der Mine Anweisungen zukommen, wie wir uns dort unten organisieren sollten. Nach einer Weile teilten wir ihnen jedoch mit, dass ihre Vorschläge nicht funktionierten und wir es auf unsere Weise machen würden.

„Auf unsere Weise" – das bedeutete, uns in drei Gruppen zu je elf Personen einzuteilen, sodass wir rund um die Uhr die Vorräte und Ausrüstungsgegenstände, die wir von oben bekamen, verteilen konnten. Was man uns herunterschickte, musste durch einen sehr schmalen Schacht befördert werden. Daher war es nötig, dass wir es sofort nach Erhalt sortierten und in manchen Fällen auch zusammenbauten, wie zum Beispiel die Liegen zum Schlafen, die man für uns alle herunterschickte. Jeder von uns hatte eine feste Aufgabe. Und weil wir alle eine positive Einstellung, guten Mut und eine erneuerte Hoffnung besaßen, war die Arbeitsatmosphäre sehr gut.

Eine der schwersten Lektionen, die wir in den Tiefen des Bergwerks lernen mussten, war, geduldig zu sein und miteinander auszukommen.

Die Bergungsmannschaften bohrten nun einen neuen Schacht, durch den sie später die Rettungskapsel für unsere Befreiung herunterlassen wollten. Damit die Kapsel in einer geraden Linie sicher herunterfahren konnte, bestand eine unserer ersten Aufgaben darin, das Geröll wegzuschaffen, das sich an unserem Ende des Schachtes ansammelte. Unser Schichtleiter spielte dabei eine entscheidende Rolle. Er und der Vorarbeiter nahmen die Maße auf und schickten die Referenzpunkte an die Ingenieure oben, damit sie nicht blind bohren mussten.

Während dieser Phase des Wartens mussten wir uns wieder in Geduld üben, besonders was die Verteilung der Essensvorräte betraf. Die bereitete uns manchmal Sorgen. Zwar hatten wir nun genug zu essen, doch alles musste um des Friedens willen gerecht geteilt werden, damit jeder die ihm zustehende Portion erhielt. Ähnlich war es mit den Wasserrationen. Doch schließlich füllte sich unsere Kiste mit Essen, Wasserflaschen und sogar mit Desserts.

Zwischen zwei Welten

In den Wochen, in denen wir weiter warteten, schlief ich wenig und trank viel Kaffee, um mich wach zu halten. Da ich meinen Verpflichtungen nachkommen und dazu noch die Andachten, Gebetstreffen und anderes vorbereiten musste, kam ich in meinem Rhythmus oft durcheinander. Noch heute, viele Monate später, ist mein Schlaf anders als früher.

Wenn ich meine Aufgaben erfüllte, irgendeine Aktivität durchführte oder ausruhte, nahm mein Assistent „Timotheus" meinen Platz ein. Meine größte Sorge war, die Gebetszeiten pünktlich am Mittag und um 6 Uhr abends zu beginnen. Wenn ich nämlich nicht da wäre, würden die Gebetstreffen vielleicht abgesagt oder es würde ein Durcheinander geben. Aus diesem Grund beschlossen wir, am Mittag alle Tätigkeiten ruhen zu lassen – egal, was es war – und uns zum Beten zu versammeln, bevor wir wieder an die Arbeit gingen. Wir nutzten auch unsere Kommunikationsmöglichkeiten mit der Außenwelt, um eine Gebetskette gemeinsam mit den Christen zu organisieren, die im Camp wohnten und für unsere Rettung verantwortlich waren.

Unser Kontakt nach draußen brachte viele Vorteile, er war aber auch schwierig. Anders als manche anderen wollte ich nicht so gern mit meiner Frau und meinen Töchtern sprechen, weil ich wusste, dass mich das sehr aufwühlen würde.

Ich wollte nicht einmal, dass sie draußen im Camp auf mich warteten, bis ich herauskam. Aber sie sind erwachsene Menschen und trafen ihre eigenen Entscheidungen. Später erfuhr ich, dass meine Töchter vom ersten Tag unserer Entdeckung an im Camp waren, ebenso meine Neffen und Nichten, Geschwister und der Rest der Familie.

Meinen ersten Kontakt nach draußen per Videoschaltung hatte ich mit einer meiner Töchter. Es war nicht leicht für mich, zu reden, und sehr aufregend. Während wir uns unterhielten, konnte ich im Hintergrund des Videobildes die Sonne scheinen sehen. Dieser kleine Blick auf den blauen Himmel weckte in mir den Wunsch, möglichst schnell nach draußen zu kommen. Allerdings musste ich mit dem, wie es war, zufrieden sein und geduldig warten. Daher fand ich es leichter, Briefe zu schreiben, um meine Gedanken auszudrücken und so mit meiner Familie in Kontakt zu bleiben.

Der Ruf zur Umkehr

Das Rettungsteam kam enorm gut voran. Tag und Nacht hämmerte es in den Felsen. Es war nicht leicht, mit dem ständigen Lärm zu leben. Eines Tages wurden wir noch einmal von einer großen Staubwolke eingehüllt. Aber wir beklagten uns nicht. Die Alternative wäre ja gewesen, dass sie mit dem Bohren aufhörten, und so wollten wir lieber bis zum Ende durchhalten.

Nun würde es nicht mehr lange dauern, bis wir die Mine verlassen konnten. Und so verstärkte sich in mir der Eindruck, ich sollte die Männer während eines Gebetstreffens dazu aufrufen, den Herrn anzunehmen. Wochenlang hatten wir treu das Evangelium gepredigt und die Saat des Glaubens ausgesät. Wir waren Zeugen all dessen geworden, was der Herr für uns getan hatte. Wir hatten für die Kranken gebetet und sogar Gebetsanliegen von draußen aufgenommen. Was wir da abhielten, waren keine einfachen Gebetstreffen mehr, sondern ganze Gottesdienste. Die jungen Männer waren bei unseren geistlichen Aktivitäten immer noch mit Begeisterung bei der Sache. Sie trauten sich, zu beten und auch zu singen. Sie verteilten die Mappen mit den Texten der Lieder, die wir singen wollten. Wir sangen bekannte Kirchenlieder wie zum Beispiel „Vorwärts, Christi Streiter" und „Ich lebe, Herr, weil auch du lebst".

Das Einzige, was die Männer nun noch tun mussten, war, einen Glaubensschritt zu wagen und den Gott in ihr Herz einzuladen, der die ganze Zeit über bei ihnen gewesen war. Natürlich hätte ich einen solchen Gottesdienst auch selbst durchführen können, doch ich hielt es für einen guten Gedanken, wenn ein Pastor aus der Gegend per Videokonferenz teilnahm. Ich hatte den Männern helfen dürfen, ihr Vertrauen auf Gott zu setzen und die schwere Zeit mit Glauben und Hoffnung zu überstehen. Doch nun musste ich sicher sein, dass jemand diese Aufgabe übernehmen würde, wenn wir das Bergwerk verlassen hatten. Mir lagen das geistliche Wachstum der Männer und ihre Bedürfnisse in der Nachfolge Christi am Herzen. So nahm ich Kontakt zu einem Pastor aus Copiapó auf, der nächstgelegenen Stadt, in der die meisten der Männer wohnten. Dieser Pastor würde die Kumpel weiter betreuen, wenn wir draußen waren.

An einem Sonntagmittag, während des Gottesdienstes, sagte der Pastor ein paar Worte und wir sangen Loblieder. Dann sprach er ein Gebet, das einen Aufruf zur Umkehr mit einschloss. 22 von den 33 Bergleuten, die in der Mine gefangen waren, gaben ihr Leben dem Herrn und sagten: „Ja, ich nehme Christus an." Ich preise Gott für das Leben seines Dieners, der als Botschafter Christi dienen durfte, als Christus meine Kollegen annahm und ihre Namen in das Buch des Lebens schrieb.

Im Rückblick kann ich sagen: Während der Zeit, in der wir durch riesige Gesteinsmassen 700 Meter unter der Erde gefangen waren, war der wunderbarste Moment, als 22 Kumpel Christus als ihren persönlichen Retter annahmen. Mein sehnlichster Wunsch ist, dass jeder Mensch den Herrn in sein Leben einlädt und nicht erst wartet, bis eine Zeit der Not und der großen Schwierigkeiten kommt. Wir müssen nicht erst 69 Tage lang 700 Meter unter der Erde eingeschlossen sein, um Gott zu erleben. Doch manchmal ist unser Herz so verhärtet, dass wir erst dann zum Himmel aufsehen und unsere wahre Rettung finden, wenn wir durch schwierige Lebensumstände den Boden unter den Füßen verlieren.

Der wunderbarste Moment war, als 22 Kumpel Christus als ihren persönlichen Retter annahmen.

KAPITEL 9

„¡Gracias, Señor!"

In den letzten Tagen, bevor die Rettungskapsel zum ersten
Mal zu uns herunterkam, informierte uns das Team draußen über die Idee eines Missionars, der für ein internationales
Jugendwerk tätig ist. Er hatte vorgeschlagen, dass jeder Kumpel beim Verlassen der Mine ein T-Shirt tragen sollte mit der
Aufschrift: „Danke, Herr!" Dies würde ein außergewöhnliches Zeichen sein. Wenn man bedachte, dass die Fernsehkameras der ganzen Welt in diesem Moment jedes Detail auf-
zeichnen würden, so wäre es eine einzigartige Gelegenheit,
der Welt zu zeigen, dass die in der Mine eingeschlossenen
Männer Gott persönlich kennengelernt hatten. Wir konnten
so unsere Dankbarkeit gegenüber Gott zum Ausdruck bringen und den ganzen Planeten wissen lassen, dass Gott die
Gebete derer erhört, die zu ihm rufen.

Bevor wir das Angebot annahmen, sprach ich erst mit
meinen Kollegen darüber, denn wir trafen ja alle unsere Entscheidungen demokratisch. Ich brachte das Thema bei einem
unserer Mittagsgebete zur Sprache und erklärte, dass wir unseren Glauben sehr praktisch bezeugen könnten, wenn wir
dem Vorschlag zustimmten. Wenn wir diese T-Shirts trugen, brauchten wir noch nicht einmal den Mund aufzuma-

chen. Der Slogan auf unserer Brust, „Danke, Herr!", würde auf Spanisch und Englisch zu lesen sein. Auf der Rückseite der Shirts sollte ein Bibelvers stehen: „In seiner Hand liegen die Tiefen der Erde und die Gipfel der hohen Berge" (Psalm 95,4).

Dann lasen wir den ganzen Psalm miteinander:

Kommt, lasst uns dem Herrn zujubeln! Wir wollen ihn laut preisen, ihn, unseren mächtigen Retter!

Lasst uns dankbar zu ihm kommen und ihn mit fröhlichen Liedern besingen!

Denn der Herr ist ein gewaltiger Gott, der große König über alle Götter!

In seiner Hand liegen die Tiefen der Erde und die Gipfel der hohen Berge.

Ihm gehört das Meer, er hat es ja gemacht, seine Hände haben das Festland geformt.

Kommt, wir wollen ihn anbeten und uns vor ihm beugen; lasst uns niederknien vor dem Herrn, unserem Schöpfer!

Denn er ist unser Gott, und wir sind sein Volk. Er kümmert sich um uns wie ein Hirte, der seine Herde auf die Weide führt.

Hört jetzt auf das, was er euch sagt: „Verschließt eure Herzen nicht, wie es eure Väter getan haben; damals, als sie mir in der Wüste Vorwürfe machten und sich erbittert gegen mich auflehnten.

Jeden Tag erlebten sie, dass ich sie führte. Und trotzdem haben sie immer wieder neue Beweise meiner Macht verlangt.

40 Jahre lang ekelte ich mich vor diesem Volk. Schließlich sagte ich: ‚Alles, was sie wünschen und wollen, ist verkehrt und führt sie in die Irre. Die Wege, die ich sie führen will, verstehen sie nicht!'

Darum habe ich in meinem Zorn geschworen: ‚Niemals sollen

Einer von uns schrieb diesen Zettel:
„Uns geht es gut im Schutzraum, die 33."
Das war das erste Zeichen für unsere Familien,
dass wir noch am Leben waren.

In der Mine, etwa 700 Meter unter der Erde,
bei einer meiner täglichen Aufgaben nach der Minenexplosion.

Meine Enkelin Catalina wartet darauf, dass ich in der Kapsel hochgezogen werde.

Einige Männer vom Rettungsteam bei der Arbeit am Eingang der Mine.

Das war die Phoenix-2-Kapsel, die für die Rettungsarbeiten
seit dem 25. Sept. 2010 eingesetzt wurde.
(© ARIEL MARINKOVIC/AFP/Getty Images)

Staatspräsident Piñera (ganz rechts)
klatscht bei der Rettung des Kumpels Nr. 24.

(© AFP/Getty Images)

Wie die anderen Bergleute werde ich nach der Rettung auf eine Trage gelegt und
zur Untersuchung ins Krankenhaus von Copiapó gebracht.

(© AFP/Getty Images)

Herzliche Begrüßung durch den chilenischen Präsidenten Piñera,
nachdem ich die Rettungskapsel verlassen habe.

Meine Frau Blanca Hettiz und meine Enkelin Catalina
begrüßen mich nach der Rettung.

Nach meiner Entlassung aus dem Krankenhaus,
mit meinen Töchtern Hettiz und Karen.

Mit meiner Frau, einer meiner Töchter und meiner Enkelin.

Eine freundschaftliche Umarmung des Präsidenten
nach vielen Tagen des Hoffens und Bangens.

Meine 32 Kumpel und ich besuchen
nach unserer Rettung das chilenische Parlament.

Mit Pastor Alfred Cooper bei Präsident Obama.
Beim Nationalen Gebetsfrühstück erzähle ich von Gottes Wundern,
durch die wir bewahrt und gerettet wurden.

In der Kathedrale von
Durham in England
(ich stehe in der Mitte).

sie in das verheißene Land kommen, nie die Ruhe finden, die ich ihnen geben wollte!"'

Keiner in der Gruppe hatte etwas gegen den Vorschlag einzuwenden, und so schickte man uns ein paar Tage später die T-Shirts. Allerdings war es später so, dass nicht alle Männer ihr T-Shirt anzogen, bevor sie in die Rettungskapsel stiegen. Einige hatten ihr Gepäck schon vorher nach oben geschickt, und ihr T-Shirt befand sich auch darin. Doch die meisten trugen es. Wie dem auch sei: Das Wichtigste war, dass die Welt sah und las, was auf den T-Shirts stand, und darüber redete.

Der 13. Oktober 2010

Während die Stunden vergingen und unsere Rettung näherrückte, wuchsen auch unsere Erwartungen. Die Männer machten sich immer mehr Sorgen, ob sie die Mine wirklich würden verlassen können. Tagelang fragten wir uns, ob der gebohrte Schacht breit genug war, um uns an die Erdoberfläche zu holen. Doch das Wort Gottes sagt uns: „Der Glaube ist der tragende Grund für das, was man hofft: Im Vertrauen zeigt sich jetzt schon, was man noch nicht sieht" (Hebräer 11,1). Wir beschlossen, darauf zu vertrauen, dass Gott einen Weg finden würde, uns aus dem Bergwerk herauszuholen. Wir wussten: Was für Menschen unmöglich ist, das ist für Gott möglich. Ich selbst war davon überzeugt, dass Gott alles Notwendige tun würde,

Ich selbst war davon überzeugt, dass Gott alles Notwendige tun würde, um uns aus der Mine zu befreien, selbst wenn es für Menschen unmöglich wäre.

um uns aus der Mine zu befreien, selbst wenn es für Menschen unmöglich wäre.

Als die Rettungskapsel schließlich eintraf, empfand ich eine überströmende Freude darüber, dass ich Zeuge für Gottes Antwort wurde. Sofort stieg der erste Mitarbeiter des Rettungsteams aus der Kapsel, begrüßte uns und begann, uns einzuteilen und uns Anweisungen über den Ablauf der Aktion zu geben.

Die Verantwortlichen hatten beschlossen, uns in 3 Gruppen einzuteilen. Die 5 körperlich gesündesten Männer würden als Erste hinauffahren; danach würden die 11 schwächsten an der Reihe sein und zuletzt die 17 kräftigsten. Gemeinsam mit den Angehörigen hatte die Regierung eine Liste mit der Reihenfolge der Rettung aufgestellt:

1. Florencio Ávalos, 31, Vorarbeiter
2. Mario Sepúlveda, 39, Elektriker
3. Juan Illanes, 52, Minenarbeiter
4. Carlos Mamani, 23, Maschinist aus Bolivien
5. Jimmy Sánchez, 19, Minenarbeiter

6. Osmán Araya, 30, Minenarbeiter
7. José Ojeda, 46, Bohrmeister
8. Claudio Yañez, 34, Bohrgeräteführer
9. Mario Gómez, 63, Minenarbeiter
10. Álex Vega, 31, Mechaniker
11. Jorge Galleguillos, 56, Minenarbeiter
12. Edison Peña, 34, Minenarbeiter
13. Carlos Barrios, 27, Minenarbeiter
14. Victor Zamorra, 33, Mechaniker
15. Victor Segovia Rojas, 48, Elektriker
16. Daniel Herrera, 37, Fahrer

17. Omar Reygadas, 56, Elektriker
18. Esteban Rojas, 44, Wartungsleiter
19. Pablo Rojas, 45, Minenarbeiter
20. Dario Segovia, 48, Bohrgeräteführer
21. Yonni Barrios, 50, Elektriker und Sanitäter
22. Samuel Ávalos, 43, Minenarbeiter

23. Carlos Bugueño, 27, Minenarbeiter
24. José Henríquez, 54, Bohrmeister
25. Renán Ávalos, 29, Minenarbeiter
26. Claudio Acuña, 44, Minenarbeiter
27. Franklin Lobos, 53, Fahrer, ehemaliger Fußballprofi
28. Richard Villarroel, 23, Mechaniker
29. Juan Aguilar, 46, Schichtaufseher
30. Raúl Bustos, 40, Hydraulikingenieur
31. Pedro Cortez, 24, Minenarbeiter
32. Ariel Ticona, 29, Minenarbeiter
33. Luis Urzúa, 54, Topograf, Schichtleiter

Schließlich war alles für unsere Fahrt nach oben bereit. Ein Mitarbeiter des Bergungsteams erklärte uns jeden einzelnen Schritt und gab uns genaue Informationen über das, was da auf uns zukam. Bevor wir die Rettungskapsel Phoenix II bestiegen, mussten wir einen Helm mit Kopfhörern und einem drahtlosen Mikrofon anlegen, eine Sonnenbrille aufsetzen, um uns vor dem Sonnenlicht draußen zu schützen, einen biometrischen Gürtel anlegen, einen feuerfesten Schutzanzug anziehen und sogar Stützstrümpfe tragen, um eine Thrombose in den Beinen zu verhindern. Die Kapsel besaß ein ausgefeiltes Kommunikationssystem und war in den chilenischen Nationalfarben bemalt: weiß, blau und rot.

Nachdem ich 69 Tage mit der Gruppe verbracht hatte,

wusste ich, dass es unterschiedliche Arten der Führung gibt. Manche leiteten eine Gruppe eher aus einer fachlichen Perspektive, während andere eine natürliche Führungsgabe haben. In meinem Fall gab mir der Herr die ehrenvolle Aufgabe, der geistliche Leiter der Gruppe zu sein. Dies blieb so bis zu unserem letzten gemeinsamen Augenblick. Bevor wir gingen, sprach ich noch einmal zur Gruppe und sagte: „Der Herr hat unser Gebet beantwortet, darum soll niemand diesen Ort verlassen, bevor wir zusammen gebetet und dem Herrn gedankt haben, dass er die Rettungsarbeiten gesegnet hat." Dann beteten wir mehrere Minuten lang. Wir baten Gott, uns seine Engel zu senden, damit sie uns beschützten, und so geschah es auch. Zwei der Helfer, die zu uns heruntergekommen waren, schlossen sich uns im Gebet an, denn auch sie waren Christen.

„Der Herr hat unser Gebet beantwortet, darum soll niemand diesen Ort verlassen, bevor wir zusammen gebetet und dem Herrn gedankt haben, dass er die Rettungsarbeiten gesegnet hat."

Endlich verließen wir, einer nach dem anderen, die Mine. Nachdem wir so viel Zeit miteinander verbracht hatten, begannen wir, uns ein wenig einsam zu fühlen, während wir unseren Kollegen bei der Abfahrt zusahen. Allerdings waren wir es gewohnt, allein zu sein. Wichtig war nur, dass alles weiterhin reibungslos verlief.

Am 13. Oktober 2010 um 17.59 Uhr war ich der 24. Mann, der die Mine verließ. Mit der Rettungskapsel Phoenix II wurde ich an die Erdoberfläche befördert. Ich war sehr glücklich, von Frieden erfüllt und freute mich über den Herrn. Die Fahrt dauerte neun Minuten, und die ganze Zeit über lobte ich Gott und dankte ihm.

Als ich oben ankam, riefen alle Leute laut nach mir, weil ich nichts sagte. Die meisten Männer schrien bei ihrer Ankunft voller Euphorie. Ich aber kam ganz still und glücklich an. Der Herr hatte unsere Gebete erhört, und die Rettung verlief plangemäß, ganz so, wie er es wollte. Dafür danke ich Gott und gelobe, ihm für den Rest meines Lebens zu dienen.

KAPITEL 10

Rückkehr ins Leben

Nachdem meine 32 Kollegen und ich über zwei Monate in einer Tiefe von 700 Metern gefangen gewesen waren, nahm unsere Geschichte ein glückliches Ende. Wir wurden erfolgreich aus der Mine geborgen. Techniker und Rettungshelfer hatten rund um die Uhr gearbeitet, um dieses chilenische Wunder zu vollbringen. Zunächst hatten sie geschätzt, dass es 48 Stunden dauern würde, uns einen nach dem anderen mit der Rettungskapsel Phoenix II nach oben zu bringen. Doch dann brauchte man weniger als 24 Stunden für diese letzte Phase unserer Bergung.

Das staatliche chilenische Fernsehen übertrug die Bilder unseres Auftauchens aus dem Schacht. Nachdem wir oben aus der Kapsel gestiegen waren, wurde jeder von seinen Angehörigen und verschiedenen hochgestellten Persönlichkeiten begrüßt, wie zum Beispiel vom Bergbauminister Laurence Golborne und dem Präsidenten von Chile, Sebastián Piñera. Als ich unseren Präsidenten, die Minister und all die anderen Menschen sah, die an unserer Rettung beteiligt gewesen waren, war ich zutiefst gerührt. Sie alle gehörten zu dem Team, das Gott gebraucht hatte, um uns aus der Mine zu befreien. Ich bin ihnen unendlich dankbar dafür, dass sie mit so viel Wohlwollen und harter Arbeit all dies vollbracht haben.

Ich bin schon seit vielen Jahren mit Blanca Hettiz verheiratet. Als das Grubenunglück passierte, hatten wir unsere Ehe schon 33 Jahre genossen. Blanca wiederzusehen nach all dem, was ich durchgemacht hatte, war für mich einfach überwältigend. Es war ein Augenblick voller Zärtlichkeit und Liebe. Als ich meine Töchter sah, umarmte ich sie und drückte sie kräftig an mich. Jeder wusste, dass mein Herz voller Dankbarkeit war.

Die Liebe kann Berge versetzen und Leute zu beispiellosen Aktionen bewegen.

Nachdem wir die Rettungskapsel verlassen hatten und begrüßt worden waren, mussten wir einem vorgegebenen Protokoll folgen. Bestimmte Sicherheitsbestimmungen mussten erfüllt werden, unabhängig davon, in wie guter oder schlechter körperlicher Verfassung wir waren. Zunächst wurde jeder von uns auf eine Trage gelegt und mit dem Krankenwagen in ein nahe gelegenes Krankenhaus gefahren. Dort wurden wir die nächsten zwei Tage gründlich untersucht. Ich schlief eine Nacht im Krankenhaus. Am Nachmittag des nächsten Tages kehrte ich zum Camp zurück und sah nach meinen Habseligkeiten, die immer noch in einem Spind lagen.

Es war für mich sehr wichtig, dorthin zurückzukehren. So konnte ich ein paar Leute treffen und die kleine Zeltstadt besichtigen, die rund um den Ort des Geschehens errichtet worden war. Ich bekam eine Vorstellung davon, wie das Rettungsteam den ganzen Einsatz geplant hatte, und wurde Zeuge, wie die Liebe Berge versetzen und Leute zu beispiellosen Aktionen bewegen kann. Es stimmt wohl, dass eine Tragödie wie diese die Menschen vereint.

Später erfuhr ich, dass Gott auch im Camp seine Leute gehabt hatte, die für ihn wirkten. Einige verkündeten dort das Evangelium und ermutigten die Angehörigen. Viele Menschen vertrauten daraufhin ihr Leben dem Herrn an. Gott findet immer einen Weg, wie er zum Ziel kommt – und dafür braucht er Menschen, die seine Liebe erfahren haben. Von all den Grubenunglücken, die schon geschehen sind, war dieses ein ganz besonderes. Wir hatten Gottes Handeln an uns erlebt.

Die Augen der Welt

Der staatliche chilenische Fernsehsender TVN schätzte, dass etwa eine Milliarde Zuschauer die Rettungsaktion am Bildschirm sahen. Menschen aus aller Welt, ja sogar einige Staatsoberhäupter richteten ihren Blick auf diese entlegene Gegend Chiles. Von dem Zeitpunkt an, als bekannt wurde, dass wir noch am Leben waren, verfolgten Millionen Menschen rund um den Planeten die Bergungsarbeiten Schritt für Schritt. Mehr als 2000 Reporter aus aller Welt, selbst von so weit entfernten Ländern wie China und der Türkei, kamen zur Mine, um vor Ort zu berichten. Dieses riesige Interesse überraschte die Vertreter der chilenischen Medien, die schon beim Bergwerk stationiert waren. Sendungen über das Grubenunglück liefen in New York, Sydney, London und Tokio.

Wie die Presse berichtete, ließ die BBC ihre Zuschauer durch einen Lauftext am unteren Bildschirmrand die neuesten Schlagzeilen über die Rettungsaktion in Chile wissen. Währenddessen warteten unsere Angehörigen gemeinsam mit den chilenischen Verantwortlichen auf die Ankunft der verschütteten Bergleute, als wären wir Nationalhelden.

Ähnliches geschah in Japan, wo die Bergungsarbeiten live im Fernsehen gezeigt wurden. In Australien wurde die Rettungsaktion komplett sowohl im Radio wie im Fernsehen übertragen.

Selbst Barack Obama, der Präsident der Vereinigten Staaten, sagte in Washington vor der Presse, dass er die Berichterstattung über die chilenischen Bergleute verfolge. In einer Erklärung, die auf Spanisch und Englisch veröffentlicht wurde, ließ er wissen: „Wir sind mit unseren Gedanken und Gebeten bei den tapferen Bergleuten, ihren Familienangehörigen und den Männern und Frauen, die sich unermüdlich für ihre Rettung einsetzen." Univision, der spanische Fernsehsender in den USA, berichtete ebenfalls live und bot auf seinen Internetseiten weitere Informationen an.

Der Präsident von Venezuela, Hugo Chávez, und der Präsident Boliviens, Evo Morales, begaben sich zur Mine, um ihre guten Wünsche für das Rettungsteam und die Bergleute zum Ausdruck zu bringen. Evo Morales war auch deshalb gekommen, weil einer von uns Kumpel aus Bolivien stammte.

Für mich aber war das Wichtigste zu wissen, dass sich alle fünf Kontinente in Gebet und Fasten für uns vereint hatten. Hunderte von Gebetsketten und Gebetswachen wurden für uns ins Leben gerufen. Menschen auf der ganzen Welt – nicht nur Erwachsene, sondern auch Kinder – wurden Zeugen der Rettungsaktion. Überall, wo ich später nach dem Unglück hinkam, erfuhr ich, dass die Kinder als Erste die Hände für uns gefaltet hatten. Wie sollte Gott unser Gebet nicht erhören, wenn ein ganzes Land für uns betete? Unsere Rufe aus den Tiefen der Erde wurden noch um ein Vielfaches von denen verstärkt, die über der Erde für uns erklangen.

Wie Gott über meine Familie wachte

Auch meine Familie war Teil dieser Geschichte. In den letzten Wochen, während ich noch unter Tage gefangen war, hielt ich Kontakt zu meinen Töchtern und meiner Frau. Sie informierten mich über manches, was sich draußen abspielte. Mehrmals gab ich ihnen in meinen Briefen Hinweise, was sie tun sollten. Ich bat sie, sich nicht in etwas hineinziehen zu lassen, das sie nicht betraf, und sich von allem fernzuhalten, was nicht in Ordnung war. Ich wollte, dass sie nicht in Schwierigkeiten gerieten, dass sie Ruhe bewahrten, an den Gottesdiensten teilnahmen, die oben abgehalten wurden, und Gott lobten.

Wie sollte Gott unser Gebet nicht erhören, wenn ein ganzes Land für uns betete?

Ich machte mir Sorgen um die Sicherheit meiner Familie, doch Gott passte auf sie auf, so wie er auch auf mich unten achtgab. Wenn ein schweres Unglück in einer Mine passiert, weiß jeder Bergmann, was das bedeutet, und wir versuchen immer, uns gegenseitig zu helfen. Meine guten Freunde im Bergwerk El Teniente, das wie eine zweite Heimat für mich ist, waren geschockt, als sie erfuhren, dass ich in der Mine San José verschüttet war. Sie sammelten Geld für meine Familie. Ich war sehr gerührt, als ich später von ihrer Hilfe erfuhr.

Ein sehr guter Freund aus meiner Kindheit namens Carlos, den ich viele Jahre nicht gesehen hatte, hörte, dass ich von dem Grubenunglück in San José betroffen war. Was ich nicht wusste: Er war inzwischen in den Rang eines Oberst der chilenischen Bundespolizei aufgestiegen. Ohne mein Wissen kümmerte er sich um meine Familie, während ich in der Mine festsaß. Er stationierte Wachen, die ununterbrochen auf meine Töchter aufpassten, um sie in der offenen Zeltstadt zu schützen. Auch dies war für mich ein Zeichen dafür, dass Gott die Seinen immer bewahrt.

Es ist wunderbar zu sehen, wie Gott in allen Dingen zum Wohl seiner Kinder handelt. Der menschliche Verstand kann das nicht begreifen, doch wenn wir über diese Verheißung nachdenken, werden wir erkennen, dass alles nach Gottes Plänen geschieht. Ich kenne die Verheißungen aus dem Wort Gottes, die all denen gelten, die glauben und den Schutz Gottes für sich selbst und ihre Familie erbitten. Ich hatte immer auf diese Zusage Gottes vertraut, und nach meiner Rückkehr konnte ich aus eigener Erfahrung bestätigen, dass sie sich an mir erfüllt hatte.

> *Ich bin nur ein Gefäß, das Gott gebraucht.*

Wenn ich innehalte und darüber nachdenke, fällt mir noch etwas anderes ein: Ich lebe schon viele Jahre in demselben Haus. Eines Tages erschütterte ein Erdbeben die Stadt, und obwohl wir in der Nähe des Epizentrums wohnten, wurde unser Haus überhaupt nicht beschädigt. Wie könnte ich da Gott nicht dankbar sein? Wie könnte ich an seinem Schutz zweifeln? Ich habe immer an diese Verheißung geglaubt und werde es auch weiterhin tun.

Gott sorgte auch dafür, dass meine Familie zum Camp vor dem Eingang zur Mine in die Atacama-Region kommen konnte. Dieser Ort ist über 900 Kilometer von Talca entfernt, wo wir wohnen. Doch viele Leute zeigten ihre Solidarität mit meiner Familie und halfen ihr.

In meinen Augen ist das alles ein großer Segen. Was aber noch wichtiger ist: Meine Frau und meine Töchter, die sich sonst nicht so sehr in der Gemeinde engagierten, sind Gott jetzt viel nähergekommen. Wenn ich mir Videos vom Tag unserer endgültigen Rettung ansehe, erblicke ich meine Frau, Blanca Hettiz, wie sie die Arme zum Himmel erhebt und Gott lobt, dass er uns aus der Mine herausgeholt hat. Auch das empfand ich als etwas sehr Positives. Darüber hinaus wurde der Herr inmitten dieser Katastrophe geehrt, und viele Menschen haben ihn so erst kennengelernt.

Gott war es

Als ich das Bergwerk verließ, kam es zu einer für mich unvergesslichen Begegnung mit dem chilenischen Präsidenten. Er gratulierte mir, umarmte mich und sagte: „Ich danke Ihnen, Señor Henríquez, dass Sie die Gruppe zusammengehalten haben.“

Ich antwortete: „Danken Sie Gott, denn er ist es, der die ganze Zeit über bei uns war.“

„Ach! Ja?“, fragte er.

„Ja, natürlich, so war es“, bekräftigte ich.

Und das ist auch die Wahrheit. Ich bin nur ein Gefäß, das Gott gebraucht. Ich bin ein Arbeiter, ein verantwortungsbewusster Arbeiter, der den Herrn angenommen hat und seinem Wort gehorcht. Von Kindesbeinen an habe ich die Zeichen und Wunder Gottes gesehen. Deshalb habe ich nur das getan, was jeder Christ tun würde. Ich rief zu Gott und versuchte, meinen Glauben auf positive Weise zu leben. Also dankt nicht mir. Dankt dem Herrn. Er ist es, der dort unten alles in seine Hand genommen hat.

KAPITEL 11

Augenzeuge für Gottes Macht

Eigentlich müsste man denken, dass unsere spannende Geschichte zu Ende war, nachdem wir die Mine lebendig verlassen hatten. Filme enden in der Regel an diesem Punkt. Unser Ziel war erreicht, das Erstrebte verwirklicht, das Finale war vorüber. Ich dachte, dass ich nach meiner Entlassung aus dem Krankenhaus einfach nur heimgehen und in unser Alltagsleben zurückkehren würde, so wie vor dem Unglück.

Doch es kam anders. Ich hätte nie gedacht, dass unsere Erlebnisse später von so großer Bedeutung sein würden. Denn nun begann eine neue Geschichte, und ich spielte eine Rolle darin. Das erste Mal wurde mir das in Copiapó bewusst, wo ich einige Leute traf, von denen ich nie gedacht hätte, dass ich ihnen einmal begegnen würde.

Erst recht hätte ich mir nie träumen lassen, dass der Herr mich gebrauchen und in andere Länder schicken würde. Ich bin nur ein einfacher Arbeiter, dem das Evangelium anvertraut wurde, ein Augenzeuge für Gottes Macht. Ich habe versucht, ihm treu zu bleiben, und glaube, dass Gott mich gesegnet, geehrt und meine Gebete erhört hat. Viele Menschen haben ihren Unglauben und ihr Misstrauen zum Ausdruck gebracht, doch das berührt nicht, was wir erlebt haben. Gott hat in unserer Situation gehandelt. Er hat unser Rufen gehört und unsere Gebete beantwortet. Das ist das Wichtigste an der ganzen Geschichte.

Früher bin ich mehrmals krank gewesen und war in schwere Unfälle verwickelt. Doch mitten in all diesen Situationen habe ich die Macht Gottes gesehen. Ich habe es nicht nur in seinem Wort gelesen, sondern auch ganz persönlich erlebt, dass Christus mächtig ist. Wenn ich also mit jemandem ins Gespräch komme und sage: „Christus heilt" oder: „Christus rettet", dann sage ich das, weil ich diese Wahrheit in meinem Leben erfahren habe. Ich kann nun mit noch größerer Überzeugung als vorher von Gottes Macht und Liebe sprechen, auch wenn es letztlich immer Gottes Entscheidung ist, wie das Schicksal eines Menschen verläuft.

> *Ich hätte nie gedacht, dass Gott mir eine so ehrenvolle Aufgabe geben würde: im Namen Jesu zu den Völkern zu sprechen.*

Ich hatte mein Leben also dem Herrn anvertraut und wurde gesegnet, um ihn vor Menschen zu bezeugen. Niemals hätte ich geglaubt, dass er mich gebrauchen würde, um meine Kollegen zu Christus zu führen. Ich war nur ein einfacher Akkordeonspieler und hätte nie gedacht, dass Gott mir eine so ehrenvolle Aufgabe geben würde: *im Namen Jesu zu den Völkern zu sprechen.*

Ein unerwarteter Segen

Bei einem Treffen mit dem chilenischen Präsidenten und seinen Ministern wurde uns erklärt, was alles gespendet worden war und welche Möglichkeiten und verschiedenen Aspekte man bei der Organisation unserer Rettung bedacht hatte. Das Projekt hatte den Namen „Jona" bekommen. Wir hörten zu, wie der Präsident über den biblischen Jona sprach. Während des Treffens sagte ich nichts. Ein Kollege von mir, Raúl, redete an meiner Stelle. Er sprach allen Anwesenden gegenüber unseren Dank aus, einschließlich des Präsidenten. Man hörte uns aufmerksam zu und war erstaunt über diese Erklärung.

An einem anderen Nachmittag traf ich mich mit dem Seelsorger des chilenischen Präsidentenpalastes, Pastor Alfred Cooper. Er stellte sich mir vor und wollte meine Meinung zu dem hören, was der Präsident uns über die Rettungsaktion erzählt hatte. Ich antwortete, dass mir das alles gut gefallen hätte, dass es jedoch eine Kleinigkeit gab, die man klarstellen musste: „Wir müssen dem den Ruhm und die Ehre geben, der dem Fisch befohlen hat, Jona wieder freizulassen." Denn die Menschen rühmten sich selbst für alles, was *sie* getan hatten, doch das Allerwichtigste fehlte.

Bei diesem Gespräch mit dem Seelsorger des Präsidenten geschah etwas Besonderes. Pastor Cooper fragte mich, ob er für mich beten dürfe: „Was würden Sie darüber denken, Señor Henríquez, wenn ich Sie jetzt einsegnen würde?"

„Tun Sie es nur, Herr Pastor. Ich bin gerne bereit, den Segen zu empfangen", antwortete ich.

Mir fehlen die Worte, um den Augenblick zu beschreiben, in dem er mir die Hände auflegte und erklärte: „Du wirst im Namen Jesu zu den Völkern sprechen."

In diesem Moment fühlte ich, wie Gott gegenwärtig war und mich segnete. Der Pastor lobte meinen Glauben und erklärte mir, dass Gott eine Tür geöffnet hätte und viel Segen kommen würde. Später verstand ich, was er mir damit sagen wollte. Wir dachten alle, wir wären am Ende unserer

Geschichte angekommen, doch in Wirklichkeit hatte etwas Neues in unserem Leben begonnen.

Es ist erstaunlich, wie Gott im Verborgenen Dinge plant und voraussieht, was geschehen wird. Er sagt uns, dass er jedes Ereignis sieht, bevor es eintrifft, wenn es in Gange ist und auch wenn es vorüber ist. Die Bibel sagt uns, dass Gott voll unendlicher Weisheit ist: „Was Gott getan hat, übersteigt alle menschliche Weisheit, auch wenn es unsinnig erscheint; und was bei ihm wie Schwäche aussieht, übertrifft alle menschliche Stärke" (1. Korinther 1,25). Eine Tür öffnete sich, und wir brauchten nur die Gelegenheit zu ergreifen und zu bezeugen: Wenn es in diesen Geschehnissen jemanden gab, der alles in der Hand hatte, der ein wirklicher Held war, dann war das Jesus Christus.

Mein Leben bekommt einen neuen Sinn

Zuerst war es mein Großvater gewesen, der mir gezeigt hatte, wie man für Gott lebt, dann meine Eltern und viel später meine Gemeinde. Es gab in meinem Leben geistliche Leiter, die für mich da waren und mich prägten. Während ich in der Mine war, stellte ich mich Gott zur Verfügung, um im Glauben meinen Kollegen mit all dem zu dienen, was Gott mir geschenkt hatte. Dies alles gehörte zu den Plänen, die Gott für mein Leben hatte, Pläne, die bei meiner Geburt begannen und sich an dem Tag bestätigten, an dem ich den Herrn Jesus Christus in mein Herz aufnahm.

Wenn jemand Christus aufnimmt, möchte er anderen Menschen mitteilen, was er erfahren hat. Er will, dass auch andere solche Erfahrungen mit Gott machen, damit sie eine persönliche Beziehung zu Jesus Christus bekommen. Ich glaube, dass jeder, der Christus annimmt und diesen Wunsch in seinem Herzen verspürt, dies auch mit Gewissheit und Überzeugung weitergeben will, sei es bei der Arbeit, auf Reisen oder an anderen Orten. So war es jedenfalls bei mir. Der Wunsch entstand in meinem Herzen und wurde zu dem brennenden Verlangen, den lebendigen Gott so zu bezeugen, dass alle Menschen ihn annahmen. Der Herr will, dass wir Werkzeuge in seiner Hand sind.

Der Herr hat uns nicht zu Feiglingen berufen, sondern zu mutigen und kraftvollen Menschen, die sich einer schweren Situation stellen und in seinem Namen Mauern niederreißen.

Während ich an jenem dunklen Ort so viele Tage eingeschlossen war, ohne das Licht der Sonne zu sehen, wurde ich bereit, den Herrn zu bezeugen, solange ich auf dieser Erde lebte. Ich war auch in der Lage, mich ganz in die Hände des Herrn zu geben. Außerdem erkannte ich, dass dies eine sehr wichtige Gelegenheit war, nicht nur zu beten, sondern auch die Botschaft und den Sinn des Evangeliums weiterzugeben. Wir können es wagen, den Herrn zu bitten, dass wir mit dieser Botschaft die Herzen von Tausenden von Menschen berühren dürfen.

Mir kam es nie in den Sinn, mich selbst für einen Gebetsleiter oder geistlichen Leiter zu halten, wie die Medien mich dargestellt haben. Ich habe mich nur dem Herrn als einfacher Arbeiter zur Verfügung gestellt, als jemand, der die Wahrheit des Evangeliums bezeugen will. Es hat mir nie gefallen, eine Führungsrolle zu übernehmen, und wer mich gut kennt, der weiß das. Doch in diesem Fall nahm der Herr alles unter seine Regie, und ich tat nur, was ich für notwendig hielt: die Menschen im Gebet anzuleiten, vom Herrn zu sprechen und sein Wort zu verkünden. Wenn ich von irgendetwas überzeugt bin, dann von dem, was ich immer wieder betont habe: Unser Gott ist groß und mächtig.

Wie ich noch erzählen werde, bin ich zu verschiedenen Völkern gereist und habe bezeugt, was ich erlebt habe. Nicht weil ich Aufmerksamkeit auf mich ziehen wollte, sondern weil es zu meinem Gehorsam gegenüber Gott gehört. Ich bin hinausgezogen, um der Welt zu sagen, was Gott für uns getan hat. Ich bin ein Kind Gottes, und das werde ich nie verleugnen. Außerdem habe ich nur das getan, was jedes Kind Gottes tun würde. Denn der Herr hat uns nicht zu Feiglingen berufen, sondern zu mutigen und kraftvollen Menschen, die sich einer schweren Situation stellen und in seinem Namen Mauern niederreißen.

Gott hat mich vorbereitet und mir all diese Erfahrungen geschenkt, damit ich später davon Zeugnis geben konnte, so wie ich es hier auch tue. Gott hatte mein Leben bewahrt, damit ich zu einer Generation von Gemeindeleitern sprechen konnte, zu Christen, die mehr darum besorgt sind, wie sie ein wichtiges Amt bekommen und von der Gemeinde bedient werden, als dass sie selbst anderen dienen. Das Wort Gottes aber lehrt uns, dass wir sanftmütig und demütig sein sollen. Darin liegt das Geheimnis. Wir müssen nicht nur mutig sein, sondern auch Nachahmer Christi und Täter seines Wortes. Egal, ob wir viel oder wenig über die Bibel wissen – wir brauchen Liebe für andere, für unsere Nächsten, aber auch für das Evangelium und die Sache Christi. Wir sollen uns nicht von unseren eigenen Interessen leiten lassen, die meist ichbezogen sind und das Werk Christi häufig nur behindern.

Gelegenheit, Gott zu bezeugen

Manchmal fragen mich die Leute, wie es ist, berühmt zu sein, interviewt zu werden oder auf den Titelblättern der Zeitungen zu erscheinen. Darauf gebe ich immer dieselbe Antwort: „Wenn dieser Ruhm es mir ermöglicht, Christus zu bezeugen, dann ist er mir willkommen. Denn Gott hat es so gefügt, ohne dass ich danach gesucht oder es erwartet habe. Wenn dieser Ruhm bewirkt, dass ich in der Welt herumreise und anderen erzähle, dass Christus lebt, regiert und in den Herzen der Menschen wohnt – ja, dann soll er mir willkommen sein. Ich sehe das Ganze als Gelegenheit, als eine Tür, die Gott geöffnet hat, und darin ist auch alles andere miteinge-schlossen."

Es ist ganz natürlich, dass ein Mensch, der Jesus Christus angenommen hat, seinen Freunden von seiner Erfahrung erzählt. Er wird sagen: „Hört mal, Christus hat das in mir bewirkt, weil er lebt und regiert. Ich habe ihn vorher nicht gekannt, aber jetzt wirkt er in mir. Ich bin fest davon überzeugt, dass er mich gerettet hat. Ich habe mit eigenen Augen gesehen, dass er der wahre, lebendige Gott ist." Wenn man die Liebe Christi das erste Mal erfährt, dann wünscht man sich, dass andere dieselben Erfahrungen machen. Und das ist eine gute Absicht. Doch Christsein bedeutet auch, durchsichtig zu werden für die Liebe Gottes zu anderen. Es heißt, nicht für sich selbst zu behalten, was man bekommen hat.

In der Bibel steht: „Heilt Kranke, weckt Tote auf, macht Aussätzige gesund und treibt Dämonen aus! Tut alles, ohne etwas dafür zu verlangen, denn ihr habt auch die Kraft dazu ohne Gegenleistung bekommen" (Matthäus 10,8). Das sollen alle Christen tun. Wir müssen Gottes Taten bekannt machen, nicht nur bei unseren Verwandten, sondern bei jedem, den Gott uns über den Weg schickt.

Ich diene Gott nicht aus Pflichtbewusstsein, sondern mit einem dankbaren Herzen, nicht zuletzt wegen des Ehrentitels, den er uns verliehen hat und den wir vorher nicht besaßen: „Kinder Gottes" werden wir nun genannt. In letzter Zeit wurden mir auch Titel verliehen, mit denen ich nie gerechnet hätte, zum Beispiel wurde ich zum Ehrenbürger meiner Stadt ernannt. Das Wichtigste im Leben ist jedoch, ein Kind Gottes zu sein. Alle Menschen auf der Welt sollten in der Lage sein, sich um diesen Titel zu bemühen und zur Familie des Herrn zu gehören. So findet jeder Mensch die Erfüllung. Ohne Gott aber sind wir gar nichts wert.

Wir sollten in einer dankbaren Haltung leben. Ob wir viel besitzen oder auf alles verzichten müssen, ob wir Schwierigkeiten haben oder unser Leben in ruhigen Bahnen verläuft, immer sind wir Christus zu Dank verpflichtet. Gott schenkt uns alles, was wir haben, auf eine solche Weise, dass wir nur sagen können: Er ist der Geber aller Dinge. Von uns wird nur der gute Wille erwartet. Wenn wir Gott schlecht oder mit wenig Interesse und wenig Begeisterung dienen, dann wird am Ende alles vergeblich sein. Darum sollen wir immer mit ehrlichen Absichten vor Gott leben, mit einem fröhlichen Herzen und einer guten Einstellung. Wir sollten uns nicht gezwungen oder verpflichtet fühlen, sondern von dem Wunsch erfüllt sein, dem unsichtbaren Gott zu gefallen.

Während wir in den Tiefen des Bergwerks gefangen gewesen waren, hatte ich mich mit meinen Kollegen zusammengesetzt. Wir hatten darüber gesprochen, was für eine einzigartige Gelegenheit wir haben würden, vor der ganzen Welt zu bezeugen, wie Gott an diesem Ort gewirkt hatte. Sie hatten mir alle zugestimmt. Es wäre *die* Gelegenheit, von Jesus Christus zu sprechen. In der Bibel steht, dass die Kranken, die Jesus geheilt hatte, hinausgingen, Gottes Taten bezeugten und ihn priesen. Sofort nach ihrer Heilung liefen sie los, um den anderen zu erzählen, was Christus für sie getan hatte.

Wer so wie wir eine Krisenzeit durchlebt hat – eine Zeit, in der er von Gott gerettet, gestärkt und geheilt wurde –, sollte die Gelegenheit nutzen, Gott die Ehre zu geben. So wollen auch wir der ganzen Welt erzählen, welche Rolle der Herr in unserer Geschichte gespielt hat. Wir möchten die anderen Menschen wissen lassen, dass er wirklich Gebete erhört. Unser Gott ist ein lebendiger Gott, mächtig und stark. Er steht uns immer zur Seite und seine Verheißungen sind wahr. Wir brauchen ihm keine Briefe oder Botschaften zu schicken. Denn er ist die ganze Zeit hier bei uns. In seinem Wort sagt er: „Wo zwei oder drei in meinem Namen zusammenkommen, bin ich in ihrer Mitte" (Matthäus 18,20). Wir – die Bergleute, die zwischen massiven, undurchdringlichen Felsen gefangen waren – riefen den Namen Gottes an und er war bei uns. Er sandte seinen Geist, der uns immer begleitet, egal, wo wir sind.

Gott schenkt uns alles, was wir haben, auf eine solche Weise, dass wir nur sagen können: Er ist der Geber aller Dinge.

KAPITEL 12

Kann aus Talca etwas Gutes kommen?

Ich weiß, dass ich ein Sünder bin, der vor Gott unvollkommen ist, doch ich wollte schon lange für ihn leben. Vielleicht bin ich nicht besonders qualifiziert, doch der Herr hat zu mir dasselbe gesagt wie damals zu Mose, als der sich beklagte, er sei kein guter Redner und könne nicht mit Worten umgehen: „Geh jetzt! Ich bin bei dir und sage dir, was du reden sollst" (2. Mose 4,12). Ich kann Ihnen versichern, dass sich diese Verheißung in meinem Leben erfüllt hat. Gott hat mir erlaubt, in zahlreiche kleine und große Städte zu reisen und bei vielen Projekten an dunklen, einsamen Orten mitzuarbeiten. So hat er mich geprägt, damit ich seine Liebe und Macht bezeugen kann.

Als Jesus hier auf Erden predigte, stellten die Leute ihn und seine Botschaft infrage. Einige sagten sogar: „Nazareth? Was kann von da schon Gutes kommen!" (Johannes 1,46) Weil ich ein einfacher Mann bin, ein Minenarbeiter, fragen die Leute vielleicht auch: „Was kann aus Talca schon Gutes kommen?"

Meine Lebensgeschichte schien sehr gewöhnlich zu verlaufen; es gab keine besonderen Vorkommnisse. Doch innerhalb von ein paar Sekunden wurde alles anders. Ich erhielt die Berufung, dass ich zu Menschen dieser Welt sprechen sollte, dass ich Hoffnung und Glaube wecken sollte bei einer Gruppe von Männern, die plötzlich eingeschlossen waren. Aus einem Minenarbeiter wurde ein Botschafter Christi für die Welt.

Gott aber kennt mich, er weiß um mein einfaches Herz. Er weiß auch, dass ich ihn liebe, und so ist es mir ganz gleich, welche Titel Menschen mir verleihen. Gott steht über all diesen Dingen. Oft holt er uns aus unserer Kirchenbank und erhöht uns, wie es seinen Zielen entspricht. Als der Pastor des Präsidenten plötzlich anrief und sagte: „Wir müssen dort und dort hingehen, um zu erfüllen, was Gott mir gezeigt hat", da antwortete ich: „Amen. Ja, wir werden gehen. Darum sind wir hier." Und so fing alles an.

Der Herr weiß, wie Sie ihm gedient haben. Er kennt Ihre Verfassung und Ihre Persönlichkeit. Er weiß, wie Sie sich bei der Arbeit verhalten und wie Sie in Ihrem Privatleben sind. Ich habe oft gesehen, wie Gott in meinem Leben wirkte, darum weiß ich genau, wie dankbar ich ihm sein kann. Ich bin nicht sehr gebildet und habe nicht Theologie studiert. Trotzdem hat der Herr mich auserwählt und mich in viele schöne Länder mitgenommen, um dort ihn und sein Wirken zu bezeugen.

Meine Reise beginnt

Eines Tages erhielt ich eine Einladung von Dr. Luis Palau. Ich sollte vor Tausenden von Menschen auf der Plaza Italia in Santiago de Chile mein Zeugnis geben. Die Veranstalter gaben mir auch Gelegenheit, ein Gebet zu sprechen. Es war eine großartige Erfahrung für mich, als ich im Namen des Herrn für Dr. Palau beten durfte. Wir alle empfingen großen Segen.

Während ich mein Glaubenszeugnis gab, hielt Dr. Palau eine Zeit lang das Mikrofon für mich. Ich war erstaunt, dass ein so bekannter und kluger Mann, ein Doktor des Wortes Gottes, so freundlich war und mich auf diese Weise unterstützte. Er war bereit, sich mit jemandem wie mir ganz auf die gleiche Stufe zu stellen. Er war sogar bereit, mir zu dienen, um an der Ausbreitung des Evangeliums mitzuwirken.

Dieser Mann Gottes besitzt große Demut, und diese Eigenschaft wurde durch seine stille Haltung in diesem Moment Tausenden von Menschen deutlich, die ihm zusahen.

Aus einem Minenarbeiter wurde ein Botschafter Christi für die Welt.

Als ich nach der Veranstaltung wieder nach Hause kam, erhielt ich eine Einladung von zwei Männern. Sie wollten einen Missionseinsatz organisieren, bei dem ich predigen sollte. Ich sah, wie begeistert und motiviert sie waren, sich für den Herrn einzusetzen, und fühlte mich geehrt. Mein Herz war berührt.

Natürlich sagte ich zu. Die einzige Bedingung, die ich stellte, war die Erstattung der Fahrkosten für meine Frau und mich. Am vereinbarten Tag fuhren wir nach Antofagasta. Wie dort alles vorbereitet worden war, entpuppte sich als reines Wunder: Ein Verwandter der beiden Männer hatte für uns ein Zimmer in einem der größten Hotels der Stadt gebucht. Ein Freund von ihnen übernahm unsere Fahrkosten. Die Organisatoren konnten nicht nur die Veranstaltung finanzieren, sondern mir sogar noch eine Gabe überreichen.

Nach der Veranstaltung freuten wir uns über einen großen Sieg: 366 Menschen hatten ihr Leben Christus anvertraut. Drei Gemeinden in dem Gebiet würden sich anschließend um die neuen Gläubigen kümmern, damit sie in der Nachfolge Christi gefestigt wurden. Wir erlebten also etwas Außerordentliches. Es war eines der ersten Ereignisse, bei denen Gott meinen Ruf in diese große Aufgabe bestätigte. Ich glaubte, dass der Herr mich unterstützen würde, und das genügte mir.

Im Heiligen Land

Über ihre Botschaft in Chile lud die israelische Regierung uns 33 Bergleute gemeinsam mit unseren Frauen zu einem Besuch nach Israel ein, um dort Gott für seine Rettung zu danken. Leider konnten nur 22 der Männer, die in der Mine gewesen waren, der Einladung folgen.

Wir hatten schon viele Einladungen bekommen, doch diese war etwas ganz Besonderes: ins verheißene Land zu fahren und uns von dort aus bei denen zu bedanken, die für uns gebetet hatten. Wir würden Gott an jenem auserwählten Fleckchen Erde danken, wohin sein Sohn gekommen war, um die Welt zu retten. Es war ein großer Segen für uns, die Stätten zu besuchen, wo Jesus umhergegangen war, gepredigt hatte, gestorben und auferstanden war. Wir besichtigten zahlreiche Orte, die in der Bibel beschrieben sind, und erinnerten uns an vieles, was das Wort Gottes über sie sagt. Ich hätte nie zu träumen gewagt, dass ich eines Tages dort sein würde. Ja, es war ein großes Vorrecht für meine Kollegen und mich.

Wir erlebten auch eine Taufe im Jordan. Bevor meine Kollegen im Wasser untergetaucht wurden, erinnerten wir uns an die 69 Tage, die wir unter der Erde eingeschlossen verbracht hatten. Wir spürten die Gegenwart des Herrn an jenem Ort. Es war eine solche Freude für mich zu sehen, wie sich viele meiner Kumpel, insgesamt 17, gemeinsam mit ihren Frauen durch Untertauchen im Jordan taufen ließen.

Während unseres Besuchs trafen wir mehrere bedeutende Politiker. Als wir in Israel aus dem Flugzeug stiegen, wurden wir vom Tourismusminister Stas Misezhnikov und von Joaquín Montes, dem chilenischen Botschafter in Israel, begrüßt. Die Menschen hießen uns mit den Jubelrufen „Viva Chile" und „Viva Israel" willkommen.

Später besuchten wir den israelischen Präsidenten Shimon Perez und weitere führende Politiker und Geistliche. Wir mussten viele Fragen beantworten, und mit jeder Antwort priesen wir den König der Könige und Herrn aller Herren. Wir bezeugten Jesus Christus, der an diesem Ort sein Leben für die ganze Menschheit gegeben hatte und auch bei uns in der Mine gewesen war.

Wir bezeugten Jesus Christus, der an diesem Ort sein Leben für die ganze Menschheit gegeben hatte und auch bei uns in der Mine gewesen war.

Gott gebrauchte uns, um unsere Länder in Freundschaft und Liebe zu vereinen. All unsere Ausgaben wurden von Israel übernommen. Manche Leute waren verwundert darüber, dass man so viel für uns ausgegeben hatte. Der israelische Präsident aber sagte, es seien minimale Ausgaben gewesen, und Israel sei ein Land, das die Welt vereine. Wie gerne hörte ich solche Worte aus seinem Mund!

Menschen in England und Irland erreichen

Durch Pastor Alfred Cooper schickte Gott mich nach England, denn er wusste, was in dem Land geschah und wie groß die Not dort war. Ein Volk, das früher christliche Missionare in viele Länder gesandt hat, erlebt heute, aufgrund der Kriege und der veränderten Haltung der jüngeren Generation, große Gleichgültigkeit gegenüber Gott. Selbst manche großen Kathedralen und Kirchen werden für andere Zwecke genutzt und erfüllen nicht mehr die Bestimmung, für die sie ursprünglich vorgesehen waren.

Wegen der geistlichen Kälte, die dort herrschte, sah ich meine Verantwortung darin, diese Menschen zu erreichen und ganze Familien zu Christus zu führen. Das war mein Traum. Ein Besuch war auch deshalb wichtig, weil sowohl England als auch Irland Länder mit einer Bergbautradition sind. So konnten wir viel schneller Kontakt zu den Menschen dort finden. Sie waren sehr freundlich zu Pastor Cooper und mir, und ich fühlte mich mit ihnen verbunden, weil ich in derselben Branche arbeitete wie sie.

Während des Besuchs in England hielten wir täglich fünf oder sechs Gottesdienste. Das war nicht einfach; körperlich war es fast zu anstrengend. Sobald ich aber meine Bibel in die Hand nahm und vor einer Menschenmenge stand, geschah etwas. Ich konzentrierte mich in dem Augenblick ganz und gar auf das, was ich zu tun hatte. Ich teilte meine Erlebnisse mit und kam so den drängenden Fragen von Hunderten von Menschen entgegen, die mehr über die Geschichte der 33 Bergleute erfahren wollten. Alles andere wurde unwichtig, denn Gott nahm alle Ablenkungen und Sorgen von mir.

Während ich sprach, spürte ich, wie Gottes Geist strömte. Die Kraft Gottes wirkte in mir. Ich konnte sie förmlich durch mich hindurchfließen fühlen. Und ich konnte nicht mehr schweigen. Ich musste handeln und die Kraft Gottes bezeugen.

Wir besuchten auch die nigerianische Gemeinde „Jesus House" und die St. Paul's Kathedrale in London, wo wir an zwei Veranstaltungen mit jeweils 3000 Besuchern teilnahmen. Zuerst beteten wir für die Kranken, und dann riefen wir die Menschen auf, ihr Leben Jesus anzuvertrauen. Hunderte von Menschen kamen daraufhin nach vorne zum Altar, um zu beten. In jeder Kirche besuchten Tausende von Menschen unsere Veranstaltungen, und wer nicht mehr ins Gebäude hineinkam, sah sich das Ganze auf riesigen Leinwänden draußen an. Es war zum Staunen.

Ähnlich verhielt es sich in Irland. Ich sprach vor vielen Menschen; einmal waren sogar Bergleute unter den Zuhörern. Gott öffnete die Türen und berührte die Herzen. Nach der Veranstaltung kamen die Leute zu mir, um mich zu begrüßen und mir zu erzählen, dass dort seit 38 Jahren keine geistliche Veranstaltung mehr stattgefunden hatte. „Dieser Tag wird sich in unserer Erinnerung und in unseren Herzen tief einprägen", sagten sie. Wir waren von der Reaktion der Leute sehr beeindruckt, von der Liebe, mit der sie uns begegneten, und davon, wie sie unser Zeugnis aufnahmen.

Jede Veranstaltung wurde mit viel Gebet vorbereitet. Ich rief zum Herrn und bat ihn, mich zu gebrauchen und mir seine Worte in den Mund zu legen. Ich bat ihn um die Kraft und die Macht, die Zuhörer zu erreichen, wenn ich von meinem Leben erzählte und von dem, was Gott für mich getan hatte.

Ich betete: „Herr, möge es nicht ich sein, sondern dein Geist – der Eine, der das Wort sendet und die Herzen durchdringt, ganz unabhängig davon, wer spricht." Mein Wunsch war es, dass der Heilige Geist zum Ziel kam. Es war mir egal, ob es 1000 oder 3000 Besucher waren. Mir ging es nur darum, dass sie bereit waren, Jesus anzunehmen. Denn das dringt mir wirklich ins Herz! Es ist meine größte Freude und mein Glück, wenn unsere Predigt auf diese Weise ans Ziel kommt. Auf der ganzen Reise war es unser brennender Wunsch, Christus zu verherrlichen und ihm allein die Ehre zu geben, denn es ist so leicht, in die Falle zu tappen, dass man ein Held sein will.

Begegnung mit Obama

Als ich mich mit Pastor Alfred Cooper auf die Reise nach England vorbereitete, erhielt ich einen Anruf vom chilenischen Außenminister, Alfredo Moreno. Er sagte: „Hallo, José! Wie geht es Ihnen? Der Präsident der Vereinigten Staaten, Barack Obama, möchte, dass Sie kommen und an einer Feier in der Hauptstadt Washington teilnehmen. Dort sollen Sie berichten, was in der Mine San José passiert ist. Sie müssen dorthin. Ja oder ja? Sie müssen hingehen!"

Ich erwiderte: „Es tut mir leid, Herr Minister, aber das ist nicht möglich. Ich habe an dem Tag schon eine Verpflichtung. Ich reise nach England und Irland. Die Tickets sind schon ausgestellt."

„Aber José, Präsident Obama hat ausdrücklich nach Ihnen gefragt."

„Minister Moreno, wenn es Ihnen möglich ist, diesen Terminkonflikt zu lösen, dann würde es mir nichts ausmachen, in die Vereinigten Staaten zu reisen. Pastor Cooper ist derjenige, der unsere Reisetermine koordiniert. Ich würde mit ihm zusammen in die USA fliegen, aber allein will ich nicht dorthin. Ich gebe Ihnen seine Telefonnummer. Sie können ihn anrufen und mit ihm dieses Problem lösen."

„So machen wir es. Ich werde Pastor Cooper anrufen und sehen, was sich da machen lässt", schloss der Minister das Gespräch.

Ein paar Stunden später rief Pastor Cooper mich an und meinte: „José, man kann die Einladung eines Präsidenten nicht ablehnen. Das ist eine ganz wichtige Angelegenheit. Die Einladung wurde sehr dringlich gemacht."

Später erfuhr ich dann, dass alles organisiert worden war. Bevor wir nach Irland flogen, würden wir also New York besuchen und von dort aus nach Washington reisen, um gemeinsam mit Präsident Obama am Nationalen Gebetsfrühstück teilzunehmen. Wir bestiegen das Flugzeug und reisten Erster Klasse, als ob wir zwei hochgestellte Persönlichkeiten wären.

Der Pastor lachte und meinte: „In meinem ganzen Leben bin ich noch nie Erster Klasse gereist."

„Sehen Sie, Herr Pastor? Der Herr verwöhnt uns", antwortete ich.

„Wie schön", sagte er, „dann können wir es ja genießen!"

Dann stand ich vor den mehr als 3500 Teilnehmern des Nationalen Gebetsfrühstücks, um ihnen meine Geschichte zu erzählen. Ich hatte noch nie vor einer so großen Menschenmenge gesprochen.

Es war unser brennender Wunsch, Christus zu verherrlichen und ihm allein die Ehre zu geben, denn es ist so leicht, in die Falle zu tappen, dass man ein Held sein will.

Wenn so viele Leute vor einem sitzen und einem zuhören wollen, ist es schwer, so zu tun, als wäre man nicht nervös. Vorher hatte Pastor Cooper einen Entwurf für mich verfasst, der mir bei meiner Rede Orientierung geben sollte. Ich gab ihn aber zurück: „Danke, Herr Pastor, aber warum machen wir es nicht so, wie wir es immer gemacht haben? Lassen wir uns durch den Herrn leiten." Ich befürchtete, dass ich meine eigenen Worte mit seinen durcheinanderbringen würde, deshalb wollte ich seinen Entwurf nicht benutzen.

Pastor Cooper hatte Verständnis dafür. Am Morgen vor Beginn des Frühstückstreffens sagte ich in meinen schlichten Worten: „Lassen Sie uns auf die Worte des Herrn hören, damit er uns zeigen kann, was wir sagen sollen."

Ich sollte innerhalb weniger Minuten erzählen, was in der San-José-Mine passiert war. Normalerweise brauchte ich für diese Geschichte etwa 40 Minuten, doch nun sollte ich 69 Tage in nur 5 Minuten zusammenfassen. Ich brauchte 7 Minuten, weil es einfach unmöglich ist, das Erlebte in kürzerer Zeit zu berichten. Zu Beginn meiner Rede grüßte ich Präsident Obama sehr respektvoll und wünschte auch seiner Frau einen guten Tag. Dann richtete ich meine Worte an die übrigen Zuhörer: „Die Geschichte begann so: Es war ein ganz gewöhnlicher Tag …"

Dann dankte ich ihnen für die Unterstützung, die meine Kollegen und ich von vielen Völkern rund um die Welt erhalten hatten, während wir für so viele Tage unter der Erde eingeschlossen gewesen waren. Besonders dankte ich für den Beitrag der NASA zum Entwurf der Rettungskapsel, die uns an die Erdoberfläche zurückgeholt hatte. Ich versicherte ihnen auch, dass Gott die ganze Zeit bei uns gewesen war.

Ich erzählte ihnen, wie Gott mir die Gelegenheit gegeben hatte, zu beten und meine Kollegen im Gebet zu leiten, und wie uns das gestärkt und geholfen hatte. Ich berichtete auch, wie der Herr einige angerührt und ihre Gesundheit wiederhergestellt hatte. Später beschrieb ich unser demokratisches System, mit dem wir zusammen Entscheidungen getroffen hatten, wie wir mit der Krisensituation umgehen sollten. Die Zuhörer schienen überrascht, aber es gefiel ihnen sehr gut.

Weiter erklärte ich, dass 22 meiner Kollegen in der Mine Christus angenommen hatten. Ich berichtete, wie wir uns noch ein letztes Mal zum Beten versammelt hatten, als die Rettungskapsel bereitstand, um den ersten Mann an die Oberfläche zu bringen. Ich schloss mit den Worten: „Uns blieb eine einzige Alternative – das konnte nur Gott selbst sein."

Die Zuhörer waren von meinem Glaubenszeugnis sehr beeindruckt. Mir fiel auf, dass viele dieser wichtigen und vornehmen Leute meinem Bericht äußerst interessiert folgten.

Wir spürten in unseren Herzen, dass es sehr gut verlaufen war. Der chilenische Botschafter in den Vereinigten Staaten schien auch zufrieden zu sein. Barack Obama begrüßte mich sehr warmherzig und sagte, er sei überrascht über all das, was ich erzählt hatte. An der Veranstaltung nahmen auch mehrere Präsidenten anderer Länder teil, Senatoren, Diplomaten und andere bedeutende Politiker. Es war ein großes Geschenk, dass wir dort sein durften, und wird mir als einzigartige Erfahrung in Erinnerung bleiben.

Der Übersetzer, der meine Worte ins Englische übertrug, fragte mich: „Was war für Sie das Überraschendste bei diesem Treffen?" Ich antwortete: „Am meisten beeindruckt hat mich, dass ein Regierungsbeamter mir sein Büro für das Gebet und die Vorbereitung auf diese Veranstaltung zur Verfügung gestellt hat." Der Beamte hatte uns sein Büro angeboten, damit wir Ruhe hatten und beten konnten, bevor ich mein Zeugnis vor diesen vielen Menschen ablegte. Wir erkannten deutlich, wie Gott alles vorbereitet hatte, damit die Zuhörer das, was wir zu sagen hatten, nachvollziehen konnten.

Uns blieb eine einzige Alternative – das konnte nur Gott selbst sein.

All diese wichtigen Menschen haben auch tiefe geistliche Nöte. Das war einer der Gründe, warum unser Bericht so gut angenommen wurde. Und deshalb ist unsere Botschaft auch so sehr dazu geeignet, um Seelen zu erreichen. Mit meinem Glaubenszeugnis möchte ich Jesus Christus in den Mittelpunkt stellen und dem Herrn alle Ehre geben. Denn er ist der eigentliche „Star", er hat dies alles bewirkt, in meinem Leben und in der Mine San José.

Dem Heiligen Geist das Mikrofon überlassen

Gott setzt in seiner umfassenden Weisheit alles für die Menschen in Bewegung, die ihn brauchen. Er möchte auf die eine oder andere Weise die Herzen der Menschen berühren. Manche sind traurig, andere haben Angst oder sind verletzt. Manche haben keine Hoffnung mehr und fühlen sich krank. Zu ihnen allen will Gott sprechen. Wenn wir also predigen, sollen wir immer beten und Gott bitten: „Herr, sprich du!" Wenn wir uns selbst an die erste Stelle setzen, dann sind wir Leute, die anderen nur ihre eigenen Vorstellungen überstülpen wollen.

↪

Gott setzt in seiner umfassenden Weisheit alles für die Menschen in Bewegung, die ihn brauchen.

↪

Manchmal würden wir vielleicht gerne etwas anderes verkünden. Doch dann sagt uns Gott: „Ohne mich könnt ihr nichts tun." Wenn wir nicht nach Gottes Willen handeln, dann erzielen wir mit all dem, was in unseren menschlichen Möglichkeiten steht, nichts, was Bestand hat, egal, wie gebildet wir sind. Wenn Gott eine Person gebraucht, dann ist die Botschaft kraftvoll. Kranke werden geheilt, und das Volk Gottes empfängt seinen Segen, während es ihn lobt.

Wir dürfen nicht vergessen, dass ein großer geistlicher Unterschied besteht zwischen einem Christen und jemandem, der nur mit dem Evangelium sympathisiert. Gott sieht die Absichten unseres Herzens. Er durchschaut jeden Versuch, andere zu manipulieren oder zu täuschen. Wenn jemand rein menschliche Worte gebraucht und nicht versucht, die Menschen durch die Führung des Heiligen Geistes zu erreichen, wenn jemand auf der Kanzel die Hauptrolle spielen will oder irgendeine andere Aktivität ohne die Gnade Gottes ausführt, dann ruft er bei anderen nur Neid und Kritik hervor. Die wahren Kinder Gottes aber bewähren sich bei allen ihren Bemühungen. Dies ist etwas, das ich beobachtet und auch selbst erlebt habe.

So müssen wir also immer dem Beispiel Christi folgen. Von ihm heißt es nämlich: „Die Zuhörer waren sehr beeindruckt von dem, was er lehrte. Denn anders als ihre Schriftgelehrten redete Jesus mit einer Vollmacht, die Gott ihm verliehen hatte" (Markus 1,22). In Jesus zeigte sich die Autorität Gottes. Gottes Gnade ist gegenwärtig und wirksam, wenn ein Mensch akzeptiert hat, dass Gott ihn gebrauchen will und ihm erlaubt zu handeln. Gott verleiht einem solchen Menschen besonderes Verständnis und Einsicht.

KAPITEL 13

Bereit für neue Wege des Herrn

Wenn es heutzutage eine Krise gibt – sei es wirtschaftlicher, technologischer oder nuklearer Natur –, sind viele Menschen niedergeschlagen und denken, das Leben sei zu Ende. Aber ich lernte durch all die Erfahrungen hindurch, die ich in diesem Buch geschildert habe, dass Gott uns als seine Kinder annimmt; wir gehören für immer zu ihm. Meine Freude gründet sich darauf, dass er unser Schutz ist. Er ist ein Gott, der niemals lügt. Am liebsten möchten wir ihn sehen, ihn berühren und umarmen, doch das ist auf dieser Seite der Ewigkeit nicht möglich. Dennoch: Dieser Tag wird einmal kommen.

In der Zwischenzeit müssen wir uns damit begnügen, dass wir seine Anwesenheit in unserem Leben und in unseren Herzen spüren. Das gibt uns Kraft. In einer Krise kommt es darauf an, nicht Gott die Schuld zu geben, sondern zu verstehen, was in der Welt geschieht. Der Herr hat schon die Zeit festgelegt, in der er erfüllen wird, was geschrieben steht. Die Bibel ist nicht nur Papier und schwarze Farbe, sie ist Kraft und Autorität. Auf ihren Seiten habe ich erfahren, dass Gott uns niemals verlässt. Auf die eine oder andere Weise tut er seine Gegenwart kund und lässt aus jeder Situation Segen erwachsen. Er wird seine Ziele verwirklichen und seine Pläne erfüllen.

Wenn wir einen Konflikt durchleben, sollten wir nicht verzweifeln, sondern daran denken, dass die Kinder Gottes einen Sinn in ihrem Leben haben. Wir sollten uns darum bemühen, dieselbe Gesinnung zu haben wie Christus, eine Gesinnung, die Gott gefällt: erfüllt mit positiven Gedanken, die vom Wort Gottes geprägt sind. Wenn solche schweren Dinge mit uns geschehen, ist es wichtig zu sehen, dass Gott uns im selben Moment auch die Lösung gibt, denn er wirkt in unseren Gedanken und in unserer Einstellung.

Auf unterschiedlichste Weise tut er seine Gegenwart kund und lässt aus jeder Situation Segen erwachsen.

Wenn wir Jesus und das Volk Gottes betrachten, wie sie in der Heiligen Schrift beschrieben sind, lernen wir, dass ein geistlicher Leiter liebevoll und respektvoll sein soll. In seinem Leben soll sich zu jeder Zeit die Gnade Gottes zeigen. Wir sind nur Gefäße aus Ton. Christus ist es, der in unseren Herzen wirkt. Wir müssen in Gemeinschaft mit Gott bleiben, damit er wirken und alles erfüllen kann, was er sich vorgenommen hat. Ohne die Hilfe von Christus ist der Mensch nichts. Wir brauchen Jesus Christus, die Kraft Gottes.

Darum glaube ich, dass die grundlegenden Elemente in der Charakterformung eines Menschen Geduld, Zuversicht, Hoffnung, das Wort Gottes, Verheißungen und Glaube sind. Wir müssen uns an der Heiligen Schrift festhalten, die über sich selbst sagt: „Der Glaube kommt aus dem Hören der Botschaft; und diese gründet sich auf das, was Christus gesagt hat" (Römer 10,17). Die Heilige Schrift sagt uns auch: „Dein Wort ist wie ein Licht in der Nacht, das meinen Weg erleuchtet"

(Psalm 119,105). Meine Beziehung zum Herrn und zu seinem Wort hat mir die Kraft gegeben, in einer Krise zu bestehen, die 69 Tage lang anhielt und bei der ich 700 Meter unter der Erdoberfläche im Inneren eines Berges eingeschlossen war.

Manchmal haben wir ein bestimmtes Bild von uns und halten uns für ziemlich stark. Doch wenn wir mit Schwierigkeiten oder einer harten Prüfung konfrontiert werden, merken wir, wie schwach wir sein können. Plötzlich schreien wir, haben Angst und sind verzweifelt. Das Bild, das wir bis dahin von uns hatten, stimmt nicht. Dann ist auch unser Glaube plötzlich klein und wir geben Gott die Schuld für das, was passiert ist. Wir halten Gott vor, dass wir seine Hilfe doch verdient haben: „Schau, wie sehr ich mich bemühe, dein Kind zu sein!"

Doch wir müssen auf den Herrn warten, mit Frieden, Geduld und der Gewissheit, dass die Antwort schon unterwegs ist. Denn Gott hat immer eine Lösung. Was für Menschen unmöglich ist, das ist für Gott möglich. Wir müssen eine feste und aufrichtige Überzeugung haben, eine Gewissheit, dass Gott bei uns ist und in uns lebt. Genau das unterscheidet uns von anderen – Hoffnung zu haben und einen anderen Geist, um anders zu sprechen und Menschen zu helfen, damit sie aus ihrem negativen Umfeld herauskommen.

Wenn wir Christus dienen wollen, müssen wir bereit sein, mit unserm „Ich" vom Thron zu steigen. Wir müssen uns ganz in die Hände des Herrn begeben. Dann nimmt unsere Ichbezogenheit ab. Gott freut sich über Menschen, die sich ganz ihm überlassen und ihn über alles andere in ihrem Leben stellen. Wenn wir den Herrn suchen und geistlich zu wachsen beginnen, dann eignen wir uns drei besondere „Werkzeuge" an, mit denen wir in allen Widrigkeiten bestehen können. Das sind:

Menschen des Gebets werden. Für Christen ist das Gebet so wichtig wie die Luft, die wir atmen. Das Gebet ist der Sauerstoff des Geistes; es erneuert uns. Wenn ich nicht zu der Quelle gehe, welche Christus selbst ist, wie kann ich dann mit ihm kommunizieren? Wie kann ich erfrischt werden? Woher bekomme ich Kraft? Wie kann ich geistlich fit bleiben? Das Gebet ist der Schlüssel, der die Tür öffnet, damit wir mit Gott ins Gespräch kommen. Es ist wie eine Telefonleitung, durch die ich ständig mit ihm verbunden bin. Während wir in der Mine verschüttet waren, sagte ich immer wieder zu meinen Kollegen: „Wir müssen den Hörer in die Hand nehmen und mit Gott sprechen. Wir müssen sicher sein, dass Gott wirkt. Wir werden seine Gnade erfahren und sehen, wie diese Kiste sich mit Nahrung füllt." Genau so kam es auch. Wir brauchen ein Wort, das uns Hoffnung gibt und uns hilft, ein Leben zu führen, das Gott gefällt.

Menschen werden, die das Wort Gottes schätzen. Es ist notwendig, das Wort Gottes zu verstehen und zu kennen, denn es baut uns auf, bildet uns, stärkt uns und lehrt uns, wie wir leben und handeln sollen. Dieses Wort ist einfach alles. Wenn wir seine Botschaft im Gedächtnis behalten, hilft uns das in Zeiten der Not, denn im Evangelium finden wir Antworten und das Geheimnis der Liebe, mit der Gott uns anschaut. Außerdem: Wenn wir das Wort Gottes in unserem Herzen bewahren, dann können wir es auch anderen mitteilen.

Menschen werden, die eine Gemeinde ohne Gebäude gründen. In der Mine, 700 Meter unter der Erde und von Felsen umgeben, bildeten wir eine Gemeinde. Wenn wir Menschen des Gebets sind, die das Wort Gottes kennen und Glauben haben, können wir überall eine Gemeinde gründen, egal, wie die Umgebung aussieht, wie das Umfeld, die geschichtlichen Gegebenheiten oder irgendwelche anderen Bedingungen sind.

Wenn ich auf diese besondere Weise vorbereitet bin, kann ich mich vor jedermann hinstellen und sagen: „Glaube an Gott." Ich kann den Leuten erklären, wer Jesus Christus ist. Ich kann ihnen aus eigener Erfahrung versichern, dass er heilt. Er hat mich gerettet, er hat mich befreit und mich auf vielerlei Weise gebraucht. Er hat in mir den Wunsch geweckt, Zeugnis zu geben und sein Wort zu predigen.

An einem Morgen ging ich zur Arbeit und dachte, es würde ein Tag wie jeder andere werden. Doch Gott hielt etwas anderes für mich bereit. Eine radikale Veränderung stand bevor. Nichts würde mehr wie vorher sein – nicht in meinem Leben oder im Leben der anderen Männer, der 32 Kollegen, die während der nächsten 69 Tage mit mir gemeinsam unter Tage eingeschlossen waren.

Es war wunderbar, dieser Gruppe ein geistlicher Leiter zu sein und die Männer mit dem Wort Gottes aufzubauen.

Trotz der Schwierigkeiten, denen wir in der Mine San José gegenüberstanden, kann ich nur sagen: Es war wunderbar, dieser Gruppe ein geistlicher Leiter zu sein und die Männer mit dem Wort Gottes aufzubauen, sie durch Liebe zu Jüngern zu gewinnen und ihre Fortschritte im Glauben zu beobachten. Es war das Beste, was ich in dieser Zeit tun konnte. Ich habe das Gefühl, dass es ein Vorrecht war, wie ein Reporter es ausdrückte, „die Kollegen mit dem Wort Gottes zu trösten".

Viele von uns kennen das Gleichnis von dem Bauern, der Getreide aussät:

Dabei fielen ein paar Saatkörner auf den Weg. Sofort kamen die Vögel und pickten sie auf.

Andere Körner fielen auf felsigen Boden, wo nur wenig Erde

*war. Dort ging die Saat zwar schnell auf, aber als die Sonne heiß
brannte, vertrockneten die Pflänzchen, weil ihre Wurzeln in der
dünnen Erdschicht zu wenig Nahrung fanden. Einige Körner fielen zwischen die Disteln, doch diese hatten die junge Saat bald
überwuchert, sodass sie schließlich erstickte. Die übrige Saat aber
fiel auf fruchtbaren Boden und brachte das Dreißigfache, das
Sechzigfache, ja sogar das Hundertfache der Aussaat als Ertrag.
Hört genau auf das, was ich euch sage! (Matthäus 13,4-9)*

Ich bin nur ein Bauer, der gute Saatkörner aussät. Das war
meine Aufgabe im Bergwerk, und das ist sie weiterhin, seit
ich wieder draußen bin. Zwar wünschte ich, ich könnte die
Saat aufwachsen und sofort Frucht bringen sehen, doch ich
kann nur wiederholen, was die Bibel dazu sagt: „Ich bin ganz
sicher, dass Gott sein Werk, das er bei euch begonnen hat,
zu Ende führen wird, bis zu dem Tag, an dem Jesus Christus kommt" (Philipper 1,6). Ich vertraue von ganzem Herzen
darauf, dass Gott sich um diese Menschen kümmern und zu
seiner Zeit in ihnen wirken wird.

Was meine Zukunft betrifft, so weiß ich nicht, was auf diesem Weg noch geschehen wird, den Gott für mein Leben vorgesehen hat. Doch eines weiß ich gewiss: Wenn Gott mir sagt,
dass ich wieder in einem Bergwerk arbeiten soll, dann werde
ich es tun. Das ist mein Beruf. Dort habe ich erlebt, wie Gott
Wunder tat, die ich mir nie hätte vorstellen können.

Die Geschichte, wie Blanca Hettiz sie erlebt hat

José war schon Bergmann, bevor wir heirateten. Mein Bruder, der ebenfalls in einer Mine arbeitete, half ihm dabei, im Bergwerk El Teniente eine Stelle zu finden. José war aber nicht nur dort tätig, sondern auch in den Minen El Salvador, El Inca und El Indio. Außerdem hat er auch im Norden gearbeitet. Während seines langen Berufslebens hatte er viele Unfälle, doch Gott sei Dank ging immer alles gut aus.

Als mein Mann nun zuletzt im Bergwerk San José arbeitete, wusste er die ganze Zeit über, dass diese Grube sehr gefährlich war. Noch nie war er in einer Mine beschäftigt gewesen, die so klein und in einem so schlechten Zustand war. Sie besaß nur einen einzigen Eingang, und es gab keine andere Möglichkeit herauszukommen. Zudem war die Belüftung äußerst schlecht, darum waren die Temperaturen dort unten extrem hoch, die Hitze war fast unerträglich. José hatte vorher fast immer für große Bergbauunternehmen gearbeitet, die alle notwendigen Sicherheitsvorkehrungen trafen und eine angemessene Ausrüstung zur Verfügung stellten. Doch bei diesem Job gab es von alledem nichts.

An jenem Tag, bevor die Schicht begann, packte José seine Sachen und machte sich zum Aufbruch fertig. Zuerst würde er nach Santiago fahren und von dort mit dem Bus nach Copiapó. Bevor er ging, fragte ich ihn noch: „Nimmst du diese Jacke mit?"

„Nein, vielleicht kaufe ich mir auf dem Rückweg in Santiago eine neue", antwortete er.

Ich war besorgt, dass er ohne Jacke losgehen wollte, denn es war sehr kalt. „Hast du an alles gedacht?", fragte ich.

„Ich habe das Gefühl, dass ich etwas vergessen habe, aber das macht nichts. Ich bin fertig."

José wollte zunächst noch warten, bis unsere Tochter Karen nach Hause kam, damit er sich von ihr verabschieden konnte. Aber Karens Bus hatte Verspätung, und so beschloss er, nicht länger zu warten, und ging zur Haltestelle. Während er noch dort stand, kam Karen plötzlich an, und so konnten sie einander doch noch auf Wiedersehen sagen.

Der Abschied war anders als sonst. José sagte mir später, dass er das Gefühl hatte, es werde etwas passieren, weil alles so anders war. Zu diesem Zeitpunkt war Josés Großmutter bereits zum Haus meiner Schwiegermutter gegangen, um sie zu warnen. Sie sagte ihr, meinem Mann könnte etwas Schreckliches zustoßen und wir sollten alle sehr vorsichtig sein. Als ich das erfuhr, wurde ich sehr unruhig. Es wäre mir lieber gewesen, ich hätte es nicht gewusst.

Nachdem José abgereist war, rief er mich noch von Los Vilos aus an und sagte: „Jetzt ist mir eingefallen, was ich vergessen habe." So etwas war noch nie vorgekommen. Das war unser letztes Gespräch vor dem Unglück. Am nächsten Morgen betrat er die Mine um 8 oder 9 Uhr und ging an die Arbeit.

Das Unglück

An dem Tag, als das Grubenunglück geschah, hatte ich den Fernseher nicht an. Ich wachte morgens mit starken Schmerzen in der Seite auf und konnte mich fast nicht rühren. Ich hörte keine Nachrichten, bis mein Neffe anrief und uns erzählte, dass es in der Mine, in der José arbeitete, ein Unglück gegeben hatte. Allerdings gab es zunächst einige Verwirrung. José hatte uns nämlich gesagt, die Mine hieße San Esteban; also dachten wir anfangs, dass der Einsturz nicht dort stattgefunden hatte, wo José arbeitete.

Wir riefen zu Gott und beteten für alle, die am Unglücksort waren.

Ich stellte den Fernseher an, um zu sehen, ob es weitere Nachrichten gab. Ein paar Minuten später kam Karen und sagte: „Mama, Mama, ich habe gerade einen Anruf bekommen. Man hat mir gesagt, dass das Unglück tatsächlich in der Mine passiert ist, wo Papa arbeitet." Meine Enkelin Catalina hörte es und fing an zu weinen. Wir beschlossen, den Fernseher auszuschalten, und begannen zu beten, dort auf dem Bett, wo wir gerade saßen. Wir riefen zu Gott und beteten für alle, die am Unglücksort waren; wir beugten uns vor ihm und flehten um seinen Schutz. Später stellten wir fest, dass wir unbedingt noch unsere andere Tochter, Hettiz, informieren sollten, die bei der Arbeit war.

Ein paar Jahre zuvor hatte unsere Tochter Hettiz in Copiapó gearbeitet und kannte daher noch ein paar Leute dort. Nach mehreren Versuchen konnte ich sie erreichen. Ich erklärte ihr so ruhig wie möglich und mit wohlüberlegten Worten – um sie nicht allzu sehr zu beunruhigen –, dass es ein Unglück in der Mine gegeben hatte, in der ihr Vater arbeitete. Sie rief sofort einige Bekannte an. Diese bestätigten ihr einige Fakten und auch, dass ihr Vater in der Mine war. Sie versprachen ihr, sie über alles auf dem Laufenden zu halten, was dort geschah. Dann bekamen wir Anrufe mit der Frage, ob meine Töchter zum Unglücksort fahren würden. Sie wollten gerne dorthin, doch sie mussten erst alles, was ihre Arbeitsstellen betraf, regeln. Ich selbst war nicht in der Lage hinzureisen. Wegen der Schmerzen in meiner Seite konnte ich mich immer noch kaum rühren. Daher baten meine Töchter mich, zu Hause zu bleiben. Sie wollten herausfinden, was weiter geschah. Ich musste auch deshalb bleiben, weil ich mich um meine Enkelin kümmerte, die zur Schule ging.

Am nächsten Morgen brachen die beiden nach Copiapó auf. Der Herr hatte dafür gesorgt, dass sie die Reisekosten bezahlen konnten. Ein Schwager und ein Neffe von José sowie sein Bruder waren schon auf dem Weg dorthin. Mein Bruder, der auch Bergmann ist, bot ebenfalls seine Hilfe an. Ich legte José in die Hände Gottes und verspürte einen großen Frieden. Ich bin ein sehr rationaler Mensch und hatte keinerlei dunkle Vorahnungen in meinem Herzen, nur ein wenig Furcht. Mein Gebet war ganz schlicht: „Herr, schenke, dass sie Luft und Wasser haben." In meinem Herzen wusste ich, dass es José gut ging, dass er am Leben war.

Wir beteten weiter und fingen an zu fasten. In unserer Gemeinde wurden Gebetswachen für die Bergleute abgehalten. Meine Töchter riefen mich an und baten mich, nicht zu viel fernzusehen, da dort keine klaren Informationen über das Grubenunglück gebracht wurden. Meine Töchter wollten mich regelmäßig über das informieren, was wirklich passierte. In den Medien würde die Lage völlig übertrieben, meinten sie, und das würde mich nur unnötig beunruhigen.

Ich folgte dem Rat meiner Töchter und wartete lieber auf

ihre Anrufe. Da ich jedoch ein Geschäft habe, erzählten mir alle Leute, die hereinkamen, was sie im Fernsehen gesehen hatten.

Das Unglück hatte sich an einem Donnerstag ereignet, doch bis zum Montag wusste noch niemand in Talca, dass auch ein Bergmann aus unserer Stadt in der Mine verschüttet war. Als die Liste der Männer zum ersten Mal im Fernsehen veröffentlicht wurde, erschien dort nur der Vorname „José" ohne Nachnamen oder Foto, während die meisten anderen Männer mit vollständigem Namen, Alter, Foto und Wohnort aufgelistet waren.

Am Sonntagnachmittag besuchte uns Eric, ein Freund meiner Töchter, und fragte, wie es José ginge. Er hatte Berichte gelesen, in denen die Bergleute aufgezählt wurden, die von dem Unglück betroffen waren, doch der Name meines Mannes stand nicht auf der Liste. Ich erklärte ihm, dass er meinen Mann zwar unter dem Namen Samuel kannte, sein erster Name aber José sei, und dieser sei auf der Liste. Daraufhin sagte Eric, er habe einen Freund, der beim staatlichen Fernsehsender beschäftigt war. Wenn ich Eric die Erlaubnis und alle nötigen Informationen gäbe, könnte er seinen Freund anrufen und sicherstellen, dass die notwendigen Korrekturen in der Liste vorgenommen würden. Ich stimmte zu, denn es erschien mir merkwürdig, dass die Vertreter des Bergbauunternehmens mich nicht benachrichtigt hatten.

Mitten in der Nacht, etwa um 1 Uhr, kamen zwei Kriminalbeamte zu uns. Ich war schon ins Bett gegangen. Meine Nichte, die herübergekommen war, damit ich nicht allein bleiben musste, war ebenfalls im Haus. Als ich die Tür öffnete, standen ein Mann und eine Frau vor mir und begannen, mir persönliche Fragen über José zu stellen, über das Bergwerk und über vieles, was mit seiner Arbeit zusammenhing.

Sie fragten, warum ich noch nicht zur Mine gefahren sei. Ich erklärte ihnen die Gründe und fügte hinzu, dass meine Töchter und weitere Familienmitglieder bereits dort seien. Sie stellten mir noch viele Fragen, bis sie schließlich wieder gingen.

Am nächsten Morgen um 9 Uhr begannen die Zeitungsreporter, mich anzurufen. Um 10 Uhr erhielt ich einen Anruf von der Stadtverwaltung. Außerdem riefen mich an jenem Morgen auch der Bürgermeister und viele weitere Leute an. Am späten Nachmittag schickte der Stadtdirektor eine Limousine vorbei, die mich zu seinem Büro bringen sollte, denn er wollte mir zwei Nachrichten von der Regierung überbringen. Eine Nichte von mir, die zugleich meine Assistentin ist, begleitete mich, ebenso ein Cousin, der in meinem Geschäft die Buchhaltung führt. So waren wir also zu dritt.

Der Stadtdirektor wollte jede Einzelheit wissen, denn er war sich der Situation bisher nicht bewusst gewesen. Ab diesem Zeitpunkt verbreiteten sich die Gerüchte wie ein Lauffeuer. Die Nachricht, dass José unter den Verschütteten war, erschien im Radio, im Fernsehen und in den Zeitungen. Doch damit nicht genug. Von da an schien die ganze Welt mobilisiert zu sein; es gab keine Ruhe und keinen Frieden mehr. Reporter von jedem Fernsehkanal in Chile standen vor meinem Haus. Ich bekam Anrufe aus Spanien und aus vielen anderen Ländern. Ich habe keine Ahnung, wie diese Leute an meine Telefonnummer gekommen waren.

Der Stadtdirektor bot seine Hilfe an. Wenn ich mich irgendwann entscheiden sollte, dass es doch notwendig sei, zur Mine zu fahren, brauchte ich ihm einfach nur Bescheid zu sagen. Ich erzählte ihm von meinen gesundheitlichen Problemen und sagte ihm, dass meine Töchter bereits vor Ort seien. Danach rief mich das Büro des Stadtdirektors in gewissen Abständen an. Man sagte mir, dass ich es sie wissen lassen sollte, wenn ich mich doch zur Reise entschloss. Sie würden mir dann Flugtickets besorgen. Meine Antwort war immer dieselbe: Ich überlasse diese Entscheidung meinen Töchtern. Die aber sagten mir immer wieder: „Mama, es gibt hier nichts zu tun. Alles liegt in den Händen der Rettungsmannschaft." So konnten wir also nur warten.

Der Friede Gottes in meinem Leben

Die Tage vergingen und viele Leute fragten mich: „Denkst du denn, dass die Bergleute nach so langer Zeit noch am Leben sind?"

Ich antwortete immer mit Gewissheit: „Ja."

Dann sahen sie mich mit einem merkwürdigen Gesichtsausdruck an, als ob sie sagen wollten: Die Arme. Wie schön für sie, dass sie noch daran glauben kann! Dann gingen sie.

Die Kommentare aus aller Welt erfüllten mein Leben mit Sorge. Doch ich dachte an die Worte eines Pastors, der mich als einer der Ersten besucht hatte, nachdem die Nachricht in Talca bekannt geworden war. Er sagte zu mir: „Mach dir keine Sorgen, Schwester. Allein der Herr weiß, aus welchem Grund er ihn dorthin geschickt hat. Mach dir keine Sorgen, wir werden beten." Der Pastor segnete mich an meinem Arbeitsplatz und besuchte anschließend meine Schwiegermutter.

Nach 10 Tagen kam ein Neffe zu mir und erzählte, er hätte seinen Onkel im Traum auf einem Felsen sitzen sehen. Später berichtete mir ein anderer Neffe, er hätte geträumt, dass José die Bibel las und mit mehreren Leuten sprach. Auch eine Nichte kam und sagte mir, sie hätte von ihm geträumt. Sie alle träumten von ihm, doch mir war das noch nie passiert, obwohl José doch in meinen Träumen sonst immer gegenwärtig war. Eine Cousine, die auf dem Land lebt, berichtete mir, sie hätte ein Wort empfangen, dass zwei Christen in der Mine seien, und beiden ginge es gut. An jenem Tag sollte eine Gebetswache in der Gemeinde stattfinden, zu der wir gemeinsam hingingen. Ich hatte den Herrn gebeten, mir auch Träume und Visionen zu schenken, doch bisher hatte ich noch nichts empfangen.

Mach dir keine Sorgen, Schwester. Allein der Herr weiß, aus welchem Grund er ihn dorthin geschickt hat.

Am nächsten Tag, einem Samstag, wurde wieder eine Gebetswache abgehalten. Ich rief zum Herrn und sagte: „Herr, warum hast du so vielen Menschen Träume und Visionen gegeben, doch mich lässt du leer ausgehen? Ich habe doch sonst immer Träume gehabt, die sich erfüllten." Nachdem ich dies gesagt hatte, sah ich plötzlich José, wie er mit seinem Helm in der Hand aus der Mine kroch, auf seine Ellbogen gestützt. „Danke, Herr", sagte ich nur. Mehr brauchte ich nicht zu sehen.

Am Sonntagnachmittag erhielten wir die Nachricht, dass alle 33 Bergleute am Leben und wohlauf waren. Ich war in aller Ruhe bei mir zu Hause, als die Mädchen anriefen und riefen: „Mama, Mama, sie sind alle am Leben, und es geht ihnen gut!"

„Woher wisst ihr das?", fragte ich.

„Mama, wir sind doch hier. Wir gehörten zu den Ersten, die davon erfahren haben. Mach den Fernseher an!", riefen meine Töchter ganz aufgeregt.

Briefe lesen und warten

José begann, Briefe zu schreiben, und die Mädchen lasen sie mir am Telefon vor. Dann diktierte ich Hettiz, was ich ihm gerne sagen wollte. Eines Tages wurde ich gebeten, einen Brief in meiner Handschrift zu verfassen und ihn per Fax zu senden, damit sie ihn José geben konnten. Das tat ich, und ich fügte auch Fotos bei.

Ein paar Tage später sagte Hettiz zu mir: „Mama, in den nächsten Tagen darf ich mit Papa telefonieren. Wenn du willst, halte ich mein Handy daneben, damit du ihn hören kannst, auch wenn ihr euch jetzt nicht seht."

„Natürlich! Wie gut! Und wann wird das sein?", antwortete ich.

Am vereinbarten Tag rief sie mich an und hielt ihr Handy ans Telefon, durch das sie mit ihm sprach. Ich konnte seine Stimme hören, als ob er neben mir stünde. Es war ein wunderbares Gefühl! Er war so weit weg, tief unten in der Mine, und trotzdem konnte ich ihn so gut hören.

Einige Zeit danach erfuhr ich, dass es bald auch Videokonferenzen geben würde. Nun war ich bereit, das Angebot des Stadtdirektors anzunehmen und mit meiner Enkelin und meiner Nichte nach Copiapó zu reisen.

Wir kamen freitags beim Bergwerk an, sodass wir am Samstag an der Videokonferenz teilnehmen konnten. Unsere Ankunft war noch rechtzeitig, um wieder einen Brief nach unten zu verschicken, und so schrieb ich José, dass ich am folgenden Tag bei der Videokonferenz dabei sein würde. Ich wollte nämlich vermeiden, dass dieses Erlebnis ihn völlig überwältigte. Darum schrieb ich ihm auch, dass seine Enkelin und seine Nichte anwesend sein würden. Ich erzählte ihm außerdem, wir seien mit dem Flugzeug gekommen. Er weiß, wie sehr ich mich vor dem Fliegen fürchte, und so stellte ich mir vor, dass er nun etwas zu lachen hatte.

Das Erlebnis am nächsten Tag war einfach überwältigend! Es war so schön, ihn zu sehen. Wir wollten alle mit ihm sprechen. Wir wollten etwas sagen. Wir lachten viel. Nach der Videokonferenz hatte ich das Gefühl, dass wir ein paar schöne Augenblicke miteinander verbracht hatten. Als wir weggingen, warteten schon ein Psychologe, ein Arzt und anderes Personal auf uns. Sie unterstützten die Angehörigen, bevor sie den Ort verließen, und sagten uns, wir seien die glücklichste Gruppe von allen gewesen. Unsere Freude, dass wir José wiedergesehen hatten, spiegelte sich in unsern Gesichtern. Es war ein sehr bewegendes Erlebnis gewesen, und ich war sehr glücklich.

Als wir gingen, fragte ich einen Ingenieur, der draußen stand: „Verzeihen Sie, können Sie mir sagen, wie hoch dieser Berg hier vor der Mine ungefähr ist?"

„Ich schätze, um die 100 Meter", antwortete er.

„Das bedeutet, sie sind siebenmal so tief dort unten?"

„Ja", nickte der Ingenieur.

Als ich das hörte, fühlte ich mich wieder schlecht. Ich war so glücklich gewesen, meinen Mann wiederzusehen und mit ihm zu sprechen. Doch das Wissen, wie tief sie unter der Erde waren, machte mich sehr traurig.

Sie kommen heraus!

Als wir das nächste Mal die Reise antraten, war es, um José nach Hause zu holen. Es waren für uns alle sehr bewegende Stunden, als wir erfuhren, dass nun alles bereit war, die Bergleute nach oben zu bringen. Mein Nachbar, ein Pilot, sagte mir, er werde José von der Mine zum Krankenhaus in Copiapó fliegen. José werde der 24. Kumpel sein, der die Mine verließ. Allerdings sollte ich das für mich behalten, denn bis dahin war noch nichts offiziell angekündigt worden. Das waren natürlich gute Neuigkeiten.

An dem Morgen, als die Bergleute die Mine verlassen sollten, war ich sehr ruhig und glücklich. Ich fuhr gemeinsam mit meinen Töchtern in einem Kleinbus zum Camp. Später brachte man mich allein zu dem Ort, wo ich warten sollte: in der Nähe des Schachtes, durch den man die Bergleute zuerst erreicht hatte.

Die Frau des Präsidenten, Cecilia Piñera, kam zu mir. Sie ging mit mir dorthin, wo die Rettungskapsel ankommen sollte, und bemerkte, ich sei der einzige Mensch hier, der ruhig war und solchen Frieden ausstrahlte.

„Wie fühlen Sie sich?", fragte sie.

„Ich bin sehr glücklich, dass ich meinen Mann wiedersehen werde", antwortete ich.

„Sie strahlen Glück, Ruhe und Gelassenheit aus", meinte sie.

„Ja, das ist etwas, das nur der Herr schenken kann, durch Fasten und Beten", versicherte ich ihr.

Und so gingen wir nebeneinander her und unterhielten uns, bis wir den Ort erreichten, wo der Präsident stand. Er fragte mich, was José für ein Mensch sei. Ich antwortete ihm, José sei ein sehr lieber und freundlicher Mensch, der gerne zu Hause bei seiner Familie sei, ein ganz häuslicher Charakter also. Ich erzählte auch, dass José einen tiefen Glauben an Gott habe. Ich war ganz in das Gespräch vertieft und merkte erst nach einiger Zeit, dass die Fernsehkameras hinter mir liefen. Dann sagte der Präsident plötzlich: „Gehen Sie hinüber und schauen Sie zu. Die Kapsel kommt gleich an."

Ich näherte mich und sah die Kapsel kommen. Die Männer, die die Maschine bedienten, schauten hinunter und riefen, doch sie hörten keine Antwort. In diesem Moment überkamen mich Zweifel. *Ist ihm etwas zugestoßen? Vielleicht hat er den Druck nicht ausgehalten. Warum antwortet er nicht?* Es kam mir auch so vor, als ob es ungewöhnlich lange dauerte, ihn nach oben zu holen. Ich wurde etwas nervös und sagte: „Ich höre keine Antwort!" Dann sprach der Präsident mit jemandem, der daneben stand; dieser rief, so laut er konnte. Erst jetzt hörte ich Josés Antwort. Welche Erleichterung! José war auf dem Weg nach oben!

Als sich die Türen der Rettungskapsel öffneten, war der erste Gedanke meines Mannes, zu mir zu kommen und mich zu begrüßen. Er dachte gar nicht mehr daran, dass er erst die Gurte, die er trug, ablegen musste. Colonel Baeza, ein Freund von José aus Kindertagen, war auch da und wollte ganz offensichtlich miterleben, wie sein alter Freund die Mine verließ. Allerdings konnte er nicht laut rufen und auch sonst nichts sagen, weil der Präsident da war. Als der Colonel merkte, dass ein paar Leute aus Talca neben ihm standen, bat er sie, eine Begrüßung zu rufen, in der Talca vorkam, Josés Heimatstadt. Zuerst wussten sie nicht, was sie sagen sollten, doch dann fing einer von ihnen plötzlich an zu schreien: „Rah, rah, rah! Ein Hoch auf die Rangers von Talca!" In diesem Augenblick drehte José sich um, hob den Arm und grüßte sie. Wahrscheinlich dachten sie nun alle, er sei ein Fan der Rangers, einer beliebten Fußballmannschaft. Sie alle lachten herzlich. Ich kann nur vermuten, welche Begeisterung sie in Talca auslösten, als man dort durch die Fernsehnachrichten erfuhr, dass José ein Fan der Rangers war.

José kam auf mich zu, wir umarmten uns und dankten Gott gemeinsam. Die Leute schrien: „Der Kuss! Der Kuss!

Der Kuss!" Wir küssten und umarmten uns wieder eine ganze Weile. Später lasen wir in der Zeitung, dass ein Reporter geschrieben hatte: „Sie umarmte ihn und weinte lange Zeit an der Schulter ihres Mannes." Allerdings weinte ich nicht wirklich. Ich war glücklich.

Er flüsterte so leise in mein Ohr, dass keine Kamera es aufnehmen konnte, und begrüßte mich mit denselben Worten wie immer: „Wie geht es dir, *amore mío?*"

Ich antwortete: „Ich habe dich so sehr vermisst. Das war die längste Schicht, die du je gearbeitet hast." Er lachte herzlich darüber.

Nach einer Weile nahmen sie ihn mit. Eine Stunde verging, und später durften wir ihn dann in dem Krankenhauszimmer begrüßen, das man für ihn vorbereitet hatte. Alle 33 Bergleute waren dort in der Klinik, gemeinsam mit ihren Familien. Es waren auch viele Reporter und andere Leute dort.

José war einer der Ersten, die aus dem Krankenhaus entlassen wurden. Er hatte das Unglück körperlich unversehrt überstanden. Das Einzige, was ihn etwas belastete, waren seine Schlafstörungen. Denn nachdem es gelungen war, elektrischen Strom in die Mine zu legen, hatten dort Tag und Nacht die Lichter gebrannt. Das brachte seinen Schlafrhythmus noch mehr durcheinander, als er nach den Wochen in der Mine schon war.

Die Rückkehr

Wir nahmen das Flugzeug nach Santiago. Bei unserer Ankunft warteten schon zahlreiche Reporter auf uns. Es gab eine weitere Überraschung, als unser Cousin uns anrief und sagte, zwei Kleinbusse würden uns abholen und nach Talca fahren.

Als unser Flugzeug landete, wartete der Bürgermeister von Maule auf uns, zusammen mit weiteren Leuten und einer von Josés Schwestern. Wir fuhren mit einem Wohnmobil nach Talca. Unterwegs warteten Leute aus unserer Gemeinde auf uns, um uns willkommen zu heißen. Sie folgten uns mit Autos und Bussen. Im Haus meiner Schwiegermutter war ein Empfang vorbereitet worden. Die ganze Straße war gesperrt, und unsere Verwandten erwarteten uns gemeinsam mit vielen unserer Nachbarn. Schon nach ein paar Minuten mussten wir die Feier wieder verlassen, weil es einen weiteren Empfang für uns auf dem Festplatz der Stadt geben sollte. Es war ein wunderbarer Tag!

Der Herr ist treu. Was wir erlebt haben, ist einfach nur wundervoll.

Was wir seitdem erlebt haben, hätte ich mir nie vorstellen können. Ich bat Gott, das zu tun, was für José das Beste war. Ich betete, dass er die Gelegenheit bekäme, all das zu bezeugen, was er erlebt hatte. Dass er anderen weitergeben könnte, welches Wunder Gott für ihn und seine Kollegen vollbracht hatte. Ich betete, dass José Gott für seine Gnade preisen konnte, die er unserer ganzen Familie gewährt hatte. Der Herr ist treu. Was wir erlebt haben, ist einfach nur wundervoll. Von dem Augenblick an, als José die Mine verließ, ist alles ein einziger großer Segen gewesen. Dies alles hätte ich mir selbst in meinen kühnsten Träumen nicht vorstellen können.

Abby Sunderland / Lynn Vincent

Wild Eyes – mit dem Wind um die Welt

Mit 16 allein auf dem Meer

232 Seiten, gebunden,
8 Seiten Farbfotos
ISBN 978-3-7655-1184-4

Abby (16) will ihren großen Traum verwirklichen: Mit ihrem Boot *Wild Eyes* startet sie 2010 von Kalifornien aus allein zu einer Weltumsegelung. Sie beobachtet spielende Delphine und genießt die Freiheit und Weite des Meeres. Mehrmals jedoch entgeht sie nur knapp dem Tod. Im Indischen Ozean, nach vier Monaten und fast 20.000 km allein auf dem Meer, muss sie einen Notruf absetzen. Ist das das Ende ihrer Weltumsegelung? Ihre Eltern können sie telefonisch nicht mehr erreichen. Ist ihre Tochter noch am Leben?

Hier beschreibt Abby ihre atemberaubende Reise.

BRUNNEN VERLAG GIESSEN
www.brunnen-verlag.de

Klaus-Dieter John

„Ich habe Gott gesehen"

Diospi Suyana –
Hospital der Hoffnung

272 Seiten, gebunden,
16 Seiten Farbfotos
ISBN 978-3-7655-1757-0

„Seid ihr wahnsinnig geworden?" Das bekamen Martina und
Klaus-Dieter John oft zu hören, als sie mit ihrer Idee in die
Öffentlichkeit gingen. Ein modernes Krankenhaus für die
Ärmsten der Armen im peruanischen Bergland? Wer soll das
bezahlen? Inzwischen hat das Arztehepaar – zusammen mit
unzähligen Unterstützern – seinen Lebenstraum verwirklicht. „Diospi Suyana" heißt die Klinik, „Wir vertrauen auf
Gott". Der Name ist Programm, denn immer wieder erleben
die beiden, dass mit Gott Unmögliches möglich werden kann.
Für Klaus-Dieter John war die Bauzeit eine Zeit, in der ihm
Gott auf besondere Weise begegnet ist. Anschaulich berichtet
er, wie sich immer wieder Dinge zum Guten wendeten. Nein,
ohne Wunder hätte Diospi Suyana nicht das werden können,
das es heute ist: eine hochmoderne Klinik – und ein Hospital
der Hoffnung.

BRUNNEN VERLAG GIESSEN
www.brunnen-verlag.de

Christine und Christian Schneider

Himmel und Straßenstaub

Unser Leben als Familie
in den Slums von Manila

320 Seiten, gebunden,
16 Seiten Farbfotos
ISBN 978-3-7655-1798-3

„Da leben keine Europäer!", sagen die Einheimischen, als
die Familie Schneider in die Slums von Manila zieht. Und
doch werden Abfalldeponien und Wellblechhütten für viele
Jahre ihr Zuhause. Hier begegnen sie dem Kronzeugen Bic,
der todgeweihten Mariebell, dem Vergewaltiger Arol, der
Milliardärin Dona, dem Widerstandskämpfer Noel, dem aus-
gebrannten Entwicklungshelfer Rob …

Der fesselnde Erlebnisbericht des Ehepaars erzählt von
unzähligen spannenden Begegnungen mit Menschen, von
Freundschaft und Verrat, von Schusswechseln auf offener
Straße und Überschwemmungen, von Gebeten, Träumen
und Ängsten, von sinnlosem Sterben und sinnvollem Leben.

BRUNNEN VERLAG GIESSEN
www.brunnen-verlag.de